O SEGREDO CHINÊS

CHEN GUIDI e WU CHUNTAO

O SEGREDO CHINÊS

Tradução de
HERMANO FREITAS

EDITORA RECORD
RIO DE JANEIRO • SÃO PAULO

2008

CIP-Brasil. Catalogação-na-fonte
Sindicato Nacional dos Editores de Livros, RJ.

Chen, Guidi

C447s O segredo chinês / Chen Guidi e Wu Chuntao; tradução de Hermano Freitas. – Rio de Janeiro: Record, 2008.

Tradução de: Will the boat sink the water?
ISBN 978-85-01-07713-4

1. Camponeses – China. 2. Desenvolvimento rural – China. 3. China – Condições rurais. I. Chuntao, Wu, 1963- . II. Título.

07-4340 CDD – 305.560951
CDU – 316.343.644(510)

Título original em chinês:
ZHONGGUO NONGMIN DIAOCHA

Traduzido da edição americana publicada em 2006 pela PublicAffairs™ sob o título *Will the Boat Sink the Water?*

Direitos exclusivos de publicação em língua portuguesa para o Brasil adquiridos pela
EDITORA RECORD LTDA.
Rua Argentina 171 – Rio de Janeiro, RJ – 20921-380 – Tel.: 2585-2000
que se reserva a propriedade literária desta tradução

Impresso no Brasil

ISBN 978-85-01-07713-4

PEDIDOS PELO REEMBOLSO POSTAL
Caixa Postal 23.052
Rio de Janeiro, RJ — 20922-970

"A água sustenta o barco;
a água também pode afundar o barco."

Imperador Taizong
(600-649, Dinastia Tang)

SUMÁRIO

PREFÁCIO

Em 2001, começamos o trabalho em nossa reportagem *O segredo chinês* (*Zhongguo Nongmin Diaocha*). Mesmo tendo discutido a idéia por mais de dez anos, foi quando Wu estava dando à luz o nosso filho em Hefei que nos demos conta de que não podíamos demorar mais: testemunhamos as mortes de uma camponesa grávida e de seu bebê porque a família era pobre demais para pagar pelos cuidados médicos apropriados durante o parto.

Viajamos por mais de cinqüenta aldeias e cidades em toda a província de Anhui, fizemos diversas visitas a Pequim para falar com autoridades e entrevistamos milhares de camponeses. Todas as nossas economias foram usadas para escrever e publicar o livro. *O segredo chinês* é uma exposição da desigualdade e injustiça forçadas sobre o campesinato chinês, que soma cerca de 900 milhões de pessoas. Nosso livro descreve o círculo vicioso que aprisiona os camponeses da China, onde impostos injustos e atitudes arbitrárias — ou total descaso da parte das autoridades — às vezes resultam em extrema violência contra eles.

Mais de três longos e desafiantes anos depois, nosso livro de reportagem literária, *O segredo chinês,* estava concluído. Uma versão condensada — com cerca de 200 mil caracteres em vez de 320 mil — foi publicada em novembro de 2003 na revista literária

Nosso Tempo (*Dangdai*), e a edição se esgotou em uma semana. Com a velocidade de um incêndio no campo, esta versão se difundiu, publicada em websites chineses e estrangeiros. Até hoje, muitos leitores ainda a confundem com o livro completo.

Um mês depois, em dezembro de 2003, a versão integral foi publicada e distribuída pela Editora Literatura do Povo. Com seu título simplesmente escrito em seis ideogramas sobre um fundo amarelo, a aparência do livro era modesta, para dizer o mínimo, mas mesmo assim tomou de assalto a Feira do Livro de Pequim, e pedidos de 60 mil exemplares foram feitos em apenas três dias. A primeira impressão de 100 mil exemplares esgotou em um mês. Para um trabalho de não-ficção — uma reportagem sobre um assunto que dificilmente poderia ser considerado tendência — era um sucesso fenomenal, mesmo para os padrões de uma editora consagrada como a Editora Literatura do Povo.

O professor Wang Damin, do Departamento Chinês da Universidade de Anhui, descreveu como "os leitores o devoravam avidamente, discutindo o tema com seriedade; publicidade midiática se espalhava como ondas do mar; círculos literários eram inspirados à retórica apaixonada". O professor Damin também notou que "os corredores do poder estavam quietos e imperturbáveis", aparentemente não dedicando qualquer reação à reportagem.

Mais tarde constatamos que a observação anterior era precipitada. Em apenas um mês o livro vendeu mais de 150 mil exemplares, antes de ser subitamente retirado das prateleiras das livrarias pelas autoridades chinesas em março de 2004. Depois disso, apenas edições piratas estavam disponíveis na praça, e 7 milhões de exemplares foram vendidos em toda a China.

Enquanto isso, a resposta da mídia era realmente inédita. Produtores de todos os mais importantes *talk shows*, como *Cara a cara* e *Conte como é*, o popular especial do Festival de Primavera e outros programas da Televisão Central da China — que transmitem para milhões de telespectadores — convidaram-nos a participar. A Companhia Central de Radiodifusão falou longamente sobre o livro durante seu programa de horário nobre. Em um período de dois meses, do final de 2003 ao início de 2004, fomos entrevistados por mais de cem repórteres de jornais, revistas e emissoras de TV e rádio, bem como websites de todo o país. Artigos de opinião apareceram na imprensa e recebemos uma enxurrada de cartas de leitores.

A publicação de *O segredo chinês* foi comparada ao estrondo de um trovão, e o bombardeio de publicidade seguindo o lançamento foi comparado às ondas elétricas geradas pelo raio.

Fomos pegos totalmente de surpresa por tamanho interesse do público. Tínhamos presumido que a ascensão do comercialismo significaria que obras literárias não conseguiriam mais impactar a sociedade de modo determinante, quanto mais causar uma comoção. Está claro que nosso livro não é exatamente "literário" no sentido estrito da palavra. O editor responsável do *Notícias da Noite* de Pequim, sr. Yan Liqiang, resumiu *O segredo chinês* sensivelmente: "O fato é que, escrevendo sobre este assunto, ninguém ao mesmo tempo (...) pode ser literário e analítico. É um feito (...) reger este pesado, complexo e delicado material da forma que [os autores] fizeram. O texto é rico em sinais de [sua] luta para enfrentar o assunto tratado."

O impacto de *O segredo chinês* no continente chinês se deve não ao seu valor literário, mas ao fato de que apresentou a realidade rural chinesa de forma crua. O livro abordou uma complexidade de problemas que é geralmente mencionada como Triplo-Agri (*san-nong*): o problema da agricultura, o problema das áreas agrícolas e o problema do agricultor.

Em última análise, o Triplo-Agri não é nada menos que o problema da China. Não exclusivamente uma questão agrária ou econômica, é o maior impasse perante o partido dominante da China atual. O problema nos desafia de frente. Mas, ao longo dos anos, tudo que recebemos da mídia foram animadoras reportagens no estilo "felizes para sempre". O povo da cidade sabe tanto a respeito dos camponeses quanto sobre o homem na Lua. O impacto de nosso livro veio da exposição de verdades simples sobre as vidas no campesinato chinês, o que provocou não apenas choque nos leitores de todas as outras classes, mas também empatia sincera com os desvalidos.

Quando nosso trabalho no livro estava se encaminhando para um final, fizemos alguns estudos baseados em respostas dos leitores e estávamos confiantes de que, se o manuscrito fosse publicado e ganhasse as prateleiras das livrarias, ele não seria ignorado. E isto se deve à natureza de nosso livro. Como o crítico He Xilai disse em sua introdução ao livro original: "Este não é um livro de boas notícias, menos ainda um livro ocultando notícias ruins. Ele apresenta a crua realidade perante o leitor, sem medir palavras. Apresenta o problema do Triplo-Agri em toda sua complexidade, sua urgência, sua gravidade e seu perigo latente."

Os fatos aqui narrados foram, quase sem exceção, extraídos das terríveis "zonas proibidas" da escrita e do jornalismo, incluindo grandes casos criminais em áreas rurais, que alarmaram o Comitê Central do Partido Comunista, mas sobre os quais o público foi mantido desinformado. Nós revelamos pela primeira vez os obstáculos e histórias ocultas, relatando o esforço governamental por um novo imposto e política agrícola, chamada "impostos em lugar de multas".

E não medimos palavras sobre quem está envolvido: todos os personagens — do secretário-geral do Comitê Central do Partido Comunista ao premiê do Conselho Estatal (o governo central), passando por vários líderes dos ministérios e autoridades nos níveis provincial, municipal, do condado e do distrito, até o campesinato nas aldeias —, sem exceção, são identificados.

Isto foi inédito tanto para escritores quanto leitores, vivendo como vivemos na China continental, que ainda está para se acostumar com a liberdade de expressão.

Apesar de evidenciar interesse em nosso livro, submergir num frenesi midiático não nos deixou felizes. Conhecendo tão bem a China e estando acostumados à maneira como as coisas são feitas por aqui, na verdade ficamos perturbados. Nossas apreensões se justificaram: apenas dois meses depois de sua publicação e em meio ao bombardeio publicitário, *O segredo chinês* foi banido por ordem do Departamento de Propaganda do Comitê Central e desapareceu das livrarias. Todas as menções ao livro sumiram de uma hora para outra. Era como se nunca tivesse sido escrito, como se a publicidade em torno dele tivesse sido um sonho. Para nós, o choque do repentino estratagema foi devastador; pareceu irreal, como viver um pesadelo.

Até hoje não entendemos onde o livro se equivocou; ninguém jamais nos explicou o motivo do banimento. Sob pressão de todos os lados, não tivemos outra escolha senão ficar em silêncio. Para nossa surpresa, milhões de exemplares pirateados chegaram às mãos de leitores nos quatro cantos do país, e isto até certo ponto foi um consolo. Além disso, um considerável número de artigos sobre o livro foi publicado. Esta foi outra fonte de encorajamento. Dang Guoyin, um renomado docente da Academia Chinesa de Ciências Sociais, escreveu:

> Daqui a cem anos, nossos descendentes não entenderão a era em que vivemos. Mas, de fato, nós vivemos tal época, um tempo no qual é preciso coragem para dizer a verdade, um tempo no qual se corre um risco ao fazê-lo, um tempo no qual o povo anseia por escutar a verdade e, mesmo assim, é difícil conseguir ouvi-la, já que ela se afoga no burburinho dos chavões complacentes. É precisamente por isso que somos gratos ao casal Chen Guidi e Wu Chuntao, que escreveram este livro.

De fato, a verdade era abafada enquanto as mentiras floresciam. No embalo da proibição do livro, Zhang Xide, um oficial citado em nossa investigação, apareceu para nos processar, dizendo que nosso relato do incidente no distrito de Baimiao, descrito em "A longa estrada" (capítulo 4), era difamatório. Seguindo o processo, uma corte local assumiu o caso de Zhang Xide e o transformou em um indiciamento político do livro e de seus autores.

Corrupção no sistema judiciário é um problema antigo. Uma vez pego pelas amarras desse sistema, você está perdido. Mas nossos leitores nos apoiaram e isso nos deu coragem. Além disso, era questionável em que ponto a descrição do incidente em Baimiao poderia ser considerada uma difamação. Era óbvio que esta suposta difamação não tinha nada a ver com o banimento do livro. Concluímos que a transparência é a melhor arma contra a corrupção e acreditamos que os jornalistas que nos apoiaram até ali não silenciariam e divulgariam o andamento do processo. Estávamos convencidos de que ganharíamos. A pedido de líderes do Comitê do Partido Comunista de Hefei, onde moramos, que apelaram ao nosso senso de patriotismo, prometemos não conceder nenhuma entrevista à imprensa estrangeira.

Mas um dia subitamente percebemos que haviam posto uma mordaça na mídia para o nosso caso. Mais tristes do que enraivecidos, nós nos perguntamos: o que houve com a tão falada "legalidade"? O apagamento da mídia significava que o andamento do processo não seria exposto ao escrutínio da opinião pública. Nossos leitores também foram privados do direito à informação sobre o caso. A mídia do continente estava em silêncio. Ninguém ficou do nosso lado.

Acuados, não tivemos outra escolha a não ser quebrar nossa promessa e começar a conceder entrevistas a jornalistas estrangeiros, para que o mundo todo soubesse dos fatos. Na verdade, estávamos meramente exercendo nossos direitos sob o respaldo da Constituição. Além disso, realmente acreditamos que uma China com abertura não deveria ser uma China silenciosa. Lu Xun, o maior mestre das letras chinesas modernas, disse que apenas a voz da verdade pode motivar os povos da China e do mundo, que apenas através da genuína voz da verdade os chineses poderão viver lado a lado com o resto da população mundial.

Em outubro de 2005, o tumulto sobre o processo de difamação se acalmou, e tudo o que precisávamos fazer era esperar pacientemente pelo veredicto. Lutamos muito durante o processo, e os fatos foram publicados, o que constitui uma vitória em si. Os trâmites judiciais terminaram há mais de um ano, mas ainda estamos esperando pelo veredicto. Podemos apenas especular sobre o que está acontecendo longe dos olhos do público. Durante o período de espera, um novo secretário do Partido na província de Anhui, Gui Jinlong, caluniou-nos durante uma entrevista para uma emissora de TV de Hong Kong. Ele fez críticas públicas, declarando que a obra distorcia os fatos e impunha uma má reputação ao povo de Anhui. Pouco depois, pessoas começaram a apedrejar nossa casa. Os ataques continuaram por mais de vinte dias. Ninguém apareceu para investigar, embora tenhamos repetidamente pedido ajuda à segurança pública local. Em seguida, Chen Guidi foi intimado a pedir demissão.

Ainda assim, houve outros encorajamentos durante o mesmo período. Recebemos o prêmio Lettre Ulysses (Alemanha) de Arte da Reportagem; fomos citados como líderes na Vanguarda da Mudança na Ásia pela *Business Week* (EUA); e recebemos o título de Heróis da Ásia pela revista *Time* de outubro de 2005.

Depois que o livro foi banido da China, éramos acolhidos onde quer que fôssemos por todas as classes, especialmente camponeses. O governo central chinês está trabalhando nos problemas do Triplo-Agri, mais do que nunca. É, em parte, resultado de nossos esforços. Mas, independentemente do que nos espera nos dias que virão, jamais nos arrependeremos de ter falado em nome dos camponeses da China. Demos voz aos que não a tinham.

Chen Guidi
Wu Chuntao
Março de 2006
Província de Anhui

INTRODUÇÃO

POR JOHN POMFRET

atual correspondente da Costa Oeste e
ex-chefe da sucursal de Pequim do jornal *Washington Post*

Quando eu freqüentava a universidade no final dos anos 1970, nos ensinavam que a revolução comunista da China foi, no todo, uma coisa boa para seus camponeses, que abrangem a maior parte da população daquele país. Em aulas de história, antropologia e economia chinesas, diziam-nos que os comunistas chegaram ao poder e redistribuíram terra para muitos milhões de agricultores sem-terra, abalando as estruturas da parasítica classe latifundiária. Os comunistas acabaram com o consumo de ópio e com o analfabetismo, diziam meus entusiasmados professores, e, apesar de milhões de execuções e da morte de 30 milhões por inanição durante o Grande Salto para a Frente, o Partido representou verdadeiramente os desejos dos chineses desvalidos. A revolução não é um banquete, um dos meus professores enfatizou, citando o líder chinês Mao Tsé-Tung. Muitos de nós, garotos de faculdades de elite recém-formados e oriundos de boas famílias, balançávamos a cabeça em assentimento.

O segredo chinês desafia cada suposição da narrativa chinesa geralmente aceita nos Estados Unidos — um ensinamento herdado que permanece inalterado e não contestado desde os anos 1970. Leitores deste trabalho, provavelmente o livro mais importante lançado na China em anos, não têm outra escolha a não ser concluir que a revolução foi, desde o princípio, um desastre para a grande maioria do povo chinês. Apenas por esta razão ele seria uma leitura essencial para qualquer interessado no que realmente foi — e é — a vida na República Popular da China.

O livro de Chen e Wu sobre os camponeses da China foi publicado em janeiro de 2004, no final de um curto período de relativa liberdade de publicação e imprensa no país. Durante esses anos, uma série de historiadores e cientistas políticos chineses publicaram trabalhos que se acumularam em um dos mais significativos desafios para a narrativa histórica aceita na China. Os críticos da sociedade condenaram o vácuo moral da China — heresia em um país que se orgulha de sua cultura ancestral e supostos valores tradicionais. Os economistas deploraram a crescente disparidade entre ricos e pobres, que facilmente supera a dos Estados Unidos — mais um sacrilégio para um lugar que ainda se diz comunista. Os historiadores fecharam o cerco ao maior símbolo da revolução chinesa — o presidente Mao —, mostrando como seu particular requinte de crueldade ajudou a criar o modelo peculiarmente bem-sucedido de totalitarismo chinês, dissecando sua lubricidade e detalhando seu sadismo, a fome que ele causou e as vidas que destruiu. O livro de Chen e Wu caiu perfeitamente nessa tradição. E, como muitos de seus correlatos, depois de dois meses de publicação, foi banido. Mas não antes de serem vendidos centenas de milhares de exemplares oficiais e milhões de edições piratas.

A vida de Chen e Wu depois da aparição de seu best-seller é tristemente típica do destino de muitos outros corajosos escritores chineses. Primeiro, um dos personagens em seu livro, um burocrata acusado de corrupção chamado Zhang Xide, processou-os por difamação. Zhang levou o caso a juízo no mesmo condado onde fora chefe. Naturalmente, dados os seus contatos na estrutura partidária do lugar, ele venceu; o caso está em fase de apelação. Em dezembro de 2004, o dirigente do Comitê do Partido Comunista na província de Anhui atacou o livro por "ofender a província de Anhui", marcando a primeira vez em que uma autoridade comunista comentou publicamente o livro, mesmo com a obra já banida pelo Partido. De imediato, um jornal de Anhui, que estava publicando em série o trabalho seguinte de Chen e Wu — sobre uma raridade na China, um juiz idôneo —, cancelou o trabalho. Naquele mesmo dia, uma falange de capangas depredou o apartamento de dois quartos de Chen e Wu com tijolos, forçando-os a fugir de Hefei, capital de Anhui, com seu filho. A polícia lhes disse que nada poderia fazer. Também foi solicitado que Chen desistisse de seu trabalho na União de Escritores de Anhui. Da última vez em que foram contatados, eles estavam vivendo em uma pequena aldeia a sudeste, na pobre província de Jiangxi. Não ficou imediatamente claro se estavam fazendo pesquisas lá ou se refugiando dos esquadrões de capangas, aos quais os dirigentes partidários agora rotineiramente recorriam para reprimir e até mesmo matar seus inimigos — declarados ou não.

O livro de Chen e Wu se coloca como um desafio a outra narrativa mais recente, sobre a ascensão chinesa. Hoje em dia muito se fala que a China vai se tornar a próxima superpotência mundial. Do Pentágono a Wall Street, a emersão da China como potência global é vista com uma alvoroçada combinação de medo e excitação. Em anos recentes, uma série de livros foi publicada no Ocidente prevendo desde uma iminente guerra com a China até a futura ultrapassagem sobre os Estados Unidos como próximo gigante econômico do mundo. A propaganda sobre a China é sufocante e impiedosa.

O segredo chinês é um importante antídoto para a enérgica baboseira produzida em escala industrial por diversos especialistas em China nestes nossos tempos. É uma visão simples sobre o lado mais baixo e obscuro do rolo compressor econômico. Neste livro, você conhecerá personagens que tiveram sua voz abafada no frenesi mundial que acompanha o crescimento da China. Suas histórias são importantes, culminando em uma versão chinesa do clássico *How the Other Half Lives* [Como vive a outra metade], publicado em 1890 por Jacob Riis, que fala sobre a pobreza nos EUA.

O livro de Chen e Wu também ajuda a colocar a atual política comunista em perspectiva. Durante seu discurso anual sobre o estado da nação dirigido ao parlamento de fachada em março de 2006, o primeiro-ministro chinês Wen Jiabao determinou uma "grande tarefa histórica". O objetivo, disse ele, é preencher a lacuna entre o paupérrimo interior e as cidades em expansão. Wen prometeu abolir todos os impostos rurais e aumentar os gastos em serviços sociais e educação no campo com o propósito de criar o que chamou de "uma nova zona rural socialista".

Assustado pelo interior inquieto, por um crescimento repentino no número de protestos e revoltas de camponeses, o Partido Comunista Chinês diz que se importa com a zona rural. Líderes como Wen e o presidente Hu Jintao freqüentemente se comprometem a melhorar a sina dos chineses desvalidos. Hu inclusive desceu em uma das muitas e perigosas minas da China para confraternizar em uma ceia de Ano-Novo com os trabalhadores. Mas enquanto os atos de Wen e Hu são retratados como novidade na imprensa ocidental e particularmente pelos entusiastas da China, os leitores de *O segredo chinês* entenderão que nada há de novo. Os comunistas chineses têm dito que se preocupam com o campesinato desde que tomaram o poder em 1949. Mas, em cada oportunidade, como Chen e Wu mostram, eles deixaram a desejar.

Em 1993, Chen e Wu escrevem, o legislativo chinês votou para limitar os impostos a 5% do rendimento dos camponeses, mas em um ano as taxas e encargos já os endividavam. Na década anterior, o governo se comprometera a dedicar 18% de seu orçamento para serviços nas áreas rurais, mas nunca chegou nem perto disso. Em 2005, destinou apenas 9%. Enquanto isso, os empregos da burocracia chinesa, a maioria dos quais lotados no interior, incharam, saltando de 2,2 milhões em 1979 para bem mais de 10 milhões hoje em dia. O premiê Wen não disse como eles serão sustentados agora que os camponeses não têm que pagar nenhum imposto. Mas a conclusão lógica de qualquer um que conheça o trabalho de Chen e Wu é que, quando as coisas apertam, são os camponeses que pagam.

O livro de Chen e Wu se passa em sua província natal, Anhui. Os leitores americanos devem conhecer Anhui porque foi aqui que Pearl Buck, a autora ganhadora do Prêmio Nobel, ambientou seu mais famoso trabalho, *A boa terra* — a história de uma família chinesa carente. Anhui é uma das mais pobres províncias chinesas. De fato, anos depois de outras partes da China estarem abertas a viajantes ocidentais, os estrangeiros foram banidos de Anhui porque o governo comunista não quer que a miséria generalizada do local seja vista. Anhui foi o campo de uma série de pesquisas genéticas eticamente questionáveis, conduzidas por pesquisadores da Universidade de Harvard nos primeiros anos do século XXI. Os pesquisadores prometeram aos agricultores empobrecidos — desesperados por cuidados médicos — exames e tratamentos gratuitos em troca de amostras de sangue. O único problema era que, na hora em que conseguiam o sangue, os pesquisadores simplesmente saíam da cidade.

Marido e esposa, Chen e Wu já trabalharam antes em colaboração — em uma reportagem sobre a poluição do rio Huai, a sexta maior via fluvial chinesa e provavelmente a mais suja. Eles visitaram 48 cidades ao longo do Huai e documentaram que, nos 191 maiores afluentes, 80% da água tornou-se preta. Os poluentes despejados no rio por diversas fábricas se acumularam em enormes espumas flutuantes que apodreceram a água. Algumas vezes essa espuma marrom — uma nociva mistura de lixo, efluentes e dejetos sem tratamento — se estende por cerca de 100 quilômetros e chega a quase 2 metros de profundidade. Os habitantes locais usam máscaras e toalhas molhadas enroladas no rosto para evitar o enjôo. Beber água prejudicou tanto a saúde daqueles que vivem às margens do rio que o Exército de Libertação do Povo parou de recrutá-los porque eles não estão em condições para o serviço militar.

O "Aviso do rio Huai" de Chen prova ser um conto de alerta da vida na República Popular da China. Da mesma forma que fez o premiê Wen em março de 2006, o governo prometeu combater o problema da poluição. Equipes foram enviadas ao rio Huai para fechar as fábricas poluidoras, exatamente como equipes foram enviadas de Pequim para assegurar que os camponeses não seriam mais obrigados a pagar impostos e taxas ilegais. Depois de dois anos, no entanto, 40% das usinas poluidoras reabriram e, até 2004, quando viajei pelo rio e encontrei Chen e Wu em sua residência de Anhui, todas as empresas estavam de volta à ativa, sem controle ambiental. Por causa de uma queda na eletricidade, os governos locais aboliram catalisadores de fumaça e estações de tratamento de água. Naquele julho, outro tapete de 100 quilômetros de dejetos fluiu pelo rio, matando milhões de peixes e devastando a natureza. Estará o mesmo destino esperando pelos agricultores chineses?

Perto do fim de *O segredo chinês*, Chen e Wu escrevem sobre um grupo de corruptos líderes de aldeia que passam os dias usando a receita dos impostos para encherem suas panças. O festim dos burocratas do Partido impele Chen e Wu à conclusão de que, ao contrário do que meus professores me ensinaram, talvez a revolução *seja* um banquete. Mas onde jamais há lugar à mesa para os camponeses.

Los Angeles,

15 de março de 2006

CRONOLOGIA DE ACONTECIMENTOS PÓS-LIBERAÇÃO IMPORTANTES PARA O CAMPESINATO, COM ÊNFASE NA AGRICULTURA

1949	Fundação da República Popular da China (RPC)
1951-53	Guerra da Coréia.
1952	Movimento de Reforma Agrária.
1954	Promulgada a Constituição da República Popular da China.
1955	Nacionalização da indústria e do comércio.
1955-58	Coletivização da agricultura: equipes de trabalho comunitário — cooperativas agrícolas —, comunas.
1955	Campanha contra a corrente anti-revolucionária Hufeng.
1956	Lançada a "Campanha das Cem Flores", para estimular os debates públicos e diminuir o poder da burocracia partidária. Mao convoca: "Deixai que as flores desabrochem e que floresçam as discussões."
1957	"Campanha Antidireitista", suprimindo aqueles que seguiram a convocação de "desabrochar e discutir". Milhares de intelectuais são perseguidos, presos e mortos.

1958 Política do Grande Salto para a Frente.

1959 Campanha de "desvio antidireitista".

1959-1962 A Grande Fome; estima-se em mais de 30 milhões de mortos.

1963 Liu Shaoqi, chefe de Estado da época, restaura o direito dos camponeses de ter um lote de terra familiar privado.

1964 Campanha de Educação Socialista no Interior.

1965 Campanha contra a peça *Hai Rui demitido pelo imperador* (*Hai Rui Ba Guan*), prelúdio para a Revolução Cultural.

1966-1976 Grande Revolução Cultural Proletária.

1969 (setembro) O 9º Congresso Nacional do Partido: Lin Biao é confirmado como herdeiro de Mao e a Revolução Cultural é legitimada.

1976 (janeiro) Morre o premiê Zhou Enlai.

1976 O terremoto de Tangshan.

1976 (setembro) Morte de Mao Tsé-Tung.

1976 (outubro) Preso o Bando dos Quatro.

1978 (dezembro) Deng Xiaoping anuncia, no 11° Congresso Nacional do Partido, a nova política de "Reforma e Abertura" e faz planos de modernização da China, sob o novo slogan "Emancipe suas mentes, busque a verdade dos fatos".

1978 Alguns camponeses da aldeia Xiaogang, no condado de Fengyang, em Anhui, obtêm contratos para o cultivo independente de terra. Daquele momento em diante, experiências em reforma da exploração agrícola por contratos domiciliares são aplicadas em muitas áreas de Anhui.

1982 (janeiro) O centro político do Comitê Central do Partido edita o Documento Nº 1, aprovando o sistema de contratos domiciliares.

1982 (fevereiro) O 12° Congresso do Partido; Hu Yaobang se torna secretário-geral do Partido Comunista.

1984 (outubro) A terceira sessão plenária do 12° Congresso do Partido anuncia a reforma do sistema econômico, com ênfase em áreas urbanas.

1989 Massacre da praça da Paz Celestial (ou praça Tian Anmen).

1990 Deng Xiaoping visita áreas do sul da China e reitera a política de Reforma e Abertura.

1993 Sessão Plenária do 8° Congresso Nacional do Povo confirma o sistema de contratos domiciliares, que estava sendo introduzido em algumas zonas do campo.

1993 Aplicação experimental da "reforma do sistema de impostos e multas" em áreas rurais, visando à redução da carga tributária dos camponeses. A agenda incluía itens como padronização dos impostos rurais, regulação das multas e encargos, reduzindo ou eliminando encargos para projetos governamentais e educacionais, eliminando recrutamento de força de trabalho, entre outros, e tornando lei estas mudanças.

1993 (dezembro) O Conselho Estatal (governo central) anuncia planos para reforma do sistema financeiro.

1996 (dezembro) A "Circular nº 13" anuncia a decisão do Comitê Central do Partido e do Conselho Estatal de reduzir a carga tributária dos camponeses.

1997 (1° de julho) Hong Kong é reintegrada à China.

1998 (março) O Conselho Estatal e o Comitê Central do Partido anunciam as "regras para o recrutamento [compra pelo Estado] de grãos", para proteger os interesses do campesinato.

1999 9° Congresso Nacional do Povo: o premiê Zhu Rongji anuncia formalmente o projeto de reforma do sistema de multas e encargos rurais, a fim de reduzir a carga sobre os camponeses. A reforma, chamada em resumo de "imposto no lugar de multas", é aplicada primeiro na Província de Anhui.

2000 Li Changping escreve carta ao premiê Zhu Rongji, lastimando a condição dos camponeses e declarando: "A vida dos camponeses é dura demais, a região do campo pobre demais, e a agricultura está em uma condição perigosa demais."

Esta declaração foi mais tarde referida como o *san-nong wenti*, o "triplo-problema do campesinato", tratado aqui por Triplo-Agri. (Esta é uma cunhagem recente do chinês: *nongmin* = "camponês"; *nongcun* = "campo"; *nong ye* = "agricultura").

2001 (fevereiro) O projeto "imposto no lugar de multas" é aplicado nacionalmente.

1

O MÁRTIR

Inquietação na aldeia

Às vezes a inconfundível linha entre a vida e a morte fica indefinida: uma pessoa pode estar morta e enterrada e ainda permanecer entre os vivos. Pelo menos este parecia ser o caso de Ding Zuoming.

Ele está morto. Sua morte provavelmente não seria considerada "mais pesada que o monte Tai",* mas em 10 de fevereiro de 2000 — oito anos completos de sua morte —, quando perguntávamos pela região qual o caminho para a aldeia Luying, éramos invariavelmente recebidos com a pergunta "Procurando pela casa de Ding Zuoming?".

Ding Zuoming era um humilde camponês da aldeia Luying, dentro da jurisdição do município de Jiwangchang, no condado de Lixin, uma grota notoriamente carente na província de Anhui, na planície ao norte do rio Huai. Se havia algo diferente em Ding Zuoming era o fato de que ele tinha alguns anos a mais de escolaridade que os outros — chegou a se formar no ensino médio. Ele foi

*Monte Tai, na província de Shandong, uma das maiores, mais pitorescas e mais culturalmente significativas montanhas na China. Centro de espiritualidade por séculos, também simboliza a alma da nação. A expressão "mais pesada que o monte Tai" quer dizer que a morte de uma pessoa não foi em vão — por exemplo, que foi por uma boa causa.

um estudante excepcionalmente bom. Quando não havia comida na mesa, mergulhava a cabeça no jarro de água, empanturrava-se de água gelada e ia para a escola com disposição. Nos exames nacionais para entrar na faculdade, conseguiu uma nota pouco abaixo da margem de aprovação. Se não fosse nativo do condado de Lixin — tivesse nascido em Pequim ou Xangai — ele teria entrado direto na faculdade, pois suas notas excediam os requisitos destas cidades. Na verdade, tivesse nascido em qualquer outro lugar que não a aldeia Luying, ele teria tido outro destino. Porém, tendo se formado apenas no colégio da região, não tinha outra escolha senão voltar para a aldeia onde nascera, terminando como um camponês pobre como qualquer outro, indo até o campo todos os dias para cuidar da colheita. Mas, com um pouco mais de estudo que os outros campônios, Zuoming gostava de folhear os jornais e ouvir as transmissões de rádio e tomava as coisas ao pé da letra. Resumindo, tinha uma cabeça própria. Era modesto demais no trato com as pessoas. Mas defendia a lei meticulosamente, não se intimidava em dar nomes aos bois e cometia a temeridade de protestar contra o quadro de oficiais e falar com eles de igual para igual. Isso lhe trouxe mais problemas do que o normal para um simples camponês. Acabou custando sua vida.

Ding Zuoming morreu há muito tempo. Por que o povo do condado de Lixin ainda se refere à "casa de Ding Zuoming"? Haveria um caminho que nos levaria a ele?

Na manhã de 20 de fevereiro de 1993, Ding Zuoming e outros sete aldeões que haviam protocolado reclamações sobre a condução dos assuntos da aldeia às autoridades do condado foram inesperadamente convidados para uma reunião no gabinete municipal. Nesta reunião, os líderes municipais anunciaram que a liderança de nível imediatamente superior do condado, a quem tinham previamente apelado, estava preocupada com as queixas e que agora Ding

Zuoming e seu grupo deveriam eleger dois homens dentre eles, que se juntariam a dois membros do Partido e a dois oficiais de sua aldeia, os seis formando uma comissão para auditar os livros da aldeia Luying já no dia seguinte. Zuoming e seus companheiros aldeões ficaram radiantes, esquecidos de seu desânimo.

De volta à aldeia, alguns até foram ao mercado local para comprar fogos de artifício, no desejo de extravasar o ressentimento reprimido com alguns estouros barulhentos. Mas o Festival de Primavera recém-terminara, e as vendas estavam sem nada no estoque. Então, no dia seguinte, 21 de fevereiro, quando recebeu inesperada convocação da segurança municipal, Zuoming saiu de casa caminhando a passos leves, nunca sonhando que seria o mais fatídico dia de sua vida.

Mas estamos nos antecipando.

Lixin era um novo condado, criado após a Liberação, em 1949, quando os comunistas tomaram o continente chinês. Antes disso, a área constituía um ponto em que seis condados diferentes convergiam, sendo conseqüentemente visada por todas as seis jurisdições. Era um lugar pobre, inundado por lama amarela quando chovia, o que tornava as estradas intransponíveis, sem falar no solo alcalino permeável e com vários trechos arenosos. A aldeia Luying sempre foi um buraco abandonado e, depois da desastrosa enchente de 1991, as pessoas definhavam em pele e osso.

Nossa história começa no início de 1993, com a proximidade do Festival de Primavera, que cairia em 23 de janeiro — bem perto. Mas não se via nem sinal de festividades. Um tradicional provérbio chinês diz "Ricos ou pobres, todos em casa para o Ano-Novo", mas vários trabalhadores migrantes não podiam voltar às suas casas para o Festival de Primavera — um fato sem precedentes. Mas agora eles não ousavam dar as caras, pois não tinham condições de pagar os exorbitantes impostos e taxas que os esperavam. Ao final do ano (segundo o calendário lunar), a renda per capita anual ficara abaixo de 400 iuanes, ou aproximadamente US$ 50 (US$ 1 equivale mais ou menos a 8 iuanes), mas taxas e outros pagamentos impostos pelos poderosos, como os "fundos de reserva da aldeia", totalizavam 103,17 iuanes por cabeça. Após 12 meses de trabalho duro nos campos, tudo que os camponeses podiam ter esperança de guardar dos coletores de impostos era sua ração de grãos; todo o resto teria de ir para o pagamento de taxas e outros encargos, inclusive os pretensos fundos — dinheiro mantido à parte para "projetos comunitários". Famílias que haviam tido uma má colheita não conseguiam sequer o suficiente para quitar as taxas, sem falar nos fundos. O chefe da segurança local, unha e carne com os manda-chuvas do Partido na aldeia, determinou:

— Pague, ou irá para trás das grades.

Nesta época, Ding Zuoming estava fazendo algo que ninguém mais em sua aldeia jamais tivera a ousadia de considerar. Ele passou várias noites reunindo toda a informação que havia colhido dos jornais e das transmissões de rádio, relacionadas com as novas leis do Partido promulgadas na Assembléia Nacional da Agricultura em Pequim, então recentemente convocada (1993), informações que compilou numa breve, simples e acessível lista dos tópicos mais importantes, e saiu pela aldeia espalhando a notícia. Ele trabalhou clandestinamente, como numa reminiscência da guerrilha comunista, nas áreas ainda controladas pelos nacionalistas durante os distantes dias anteriores à Liberação. Isto o deixava ansioso, mas era recompensador quando via os olhos das pessoas brilharem sob a fraca luz da lâmpada pendurada no teto, enquanto assegurava:

— Estes "fundos" abusivos decididamente são contra as diretrizes do Comitê Central do Partido.*

*O Comitê Central do Partido Comunista da China. Freqüentemente chamado apenas Comitê Central ou Partido Central (*dang zhong yang*).

Acostumados a serem destratados, os campônios sempre confiaram em Zuoming por seu estudo e bom senso. Agora, em um dos seus encontros informais, mais uma vez estavam impressionados, dando aprovação tácita a suas atividades, enquanto ele continuava espalhando o documento que elaborara. Mas ainda não conseguiam deixar de questionar aonde isto levaria, dizendo:

— Olhe todas as aldeias à nossa volta, repare nos municípios da vizinhança. Não fazem os manda-chuvas a mesma coisa? O paraíso é alto e o imperador está além de nosso alcance. O que você pode fazer quanto a isso?

Mas Zuoming não se intimidava. "A força nem sempre está com a razão."

Zuoming leu para eles palavra por palavra do último regulamento pronunciado pelo Conselho Estatal (o governo central): as taxas agrícolas não podem exceder 5% da renda per capita do ano anterior.* Ele enfatizava o limite de 5%, dizendo:

— É óbvio, nossa aldeia está nos fazendo pagar mais de cinco vezes o limite. A mais recente Conferência Nacional da Agricultura requisitou que lideranças em todos os níveis protejam os camponeses e aliviem sua carga. Nossos manda-chuvas por aqui estão completamente fora do decoro. Vamos ouvir o que a liderança do município tem a dizer.

Alguns dos aldeões ainda tinham reservas.

— O município se incomodará em nos ouvir?

Um militar recém-reformado não conseguiu se conter e levantou a voz:

— Autoridades oprimem e o povo se revolta; um antigo ditado. De qualquer forma, estamos seguindo as regras ao apelar à lide-

*O Conselho Estatal é o governo central da República Popular da China e seu principal corpo civil administrativo. É controlado pelo premiê e seus cerca de cinqüenta membros são os cabeças de cada departamento governamental e agência. O Conselho Estatal é freqüentemente chamado apenas de governo central, em reportagens e também nestas páginas.

rança. Se o município nos ignorar, podemos ir mais acima, ao condado!

Os ânimos do grupo se exaltaram enquanto a discussão prosseguia. Alguém disse que o chefe do Partido na aldeia, Dong Yingfu, tinha alugado o celeiro construído com fundos arrecadados pela comunidade e embolsado mais de 9 mil iuanes na transação. Mais tarde, ele se desfez completamente do celeiro e embolsou entre 30 e 40 mil em dinheiro. O que é pior, outro apontou, foi que, durante a última enchente, este mesmo Dong escondeu comida e roupas designadas para a aldeia, ainda que as diretrizes do Partido alertassem que desviar recursos de socorro à enchente poderia custar a vida. Além disso, alguns acrescentaram, as multas por violações da política do filho-único e outros "fundos" extraídos dos camponeses ou não eram registrados ou os registros estavam propositalmente bagunçados.*

O foco da conversa subiu um escalão, dos líderes da aldeia para os do município. Uma coisa levou a outra, e o ressentimento dos aldeões começou a ferver. De acordo com alguns dos presentes, Kang Zichang, o cabeça do município, tinha um filho abjeto que percorria as aldeias como um louco ostentando um bastão de choque elétrico e um par de algemas, extorquindo dinheiro a torto e a direito sob pretexto de recolher taxas. Mesmo durante o desastre da enchente, quando havia diretrizes expressas contra qualquer taxação dos camponeses, esse filhote do líder municipal Kang ainda cometia assaltos à luz do dia. Com alguns membros da milícia a reboque, ele uma vez descera à vila como o exército de ocupação japonês de um odioso passado. Os aldeões que fecharam suas portas para a gangue de Kang as tiveram derrubadas e ainda receberam a conta do "serviço" envolvido. Com seus bolsos totalmente cheios, os car-

*O governo começou a estimular a prática da política do filho-único em 1979. Ela é executada de forma desigual, dependendo da localidade (mais severamente em áreas urbanas) e da etnia de uma determinada população.

rascos se gabavam em um restaurante, gozando uma orgia de comida e bebida, para depois cobrarem uma multa pela "conta alta"! Os aldeões se exaltavam enquanto mais revelações surgiam. Finalmente, voltaram-se para Ding Zuoming para decidir que ação tomar.

— Para fazer uma acusação precisa-se de provas — disse Zuoming.

— Vamos ao Comitê Municipal do Partido exigir uma auditoria geral dos livros da aldeia.

E assim, Ding Zuoming, com outros sete, foi à prefeitura contar ao chefe do Partido no município, Li Kunfu, sobre suas preocupações, requerendo uma auditoria dos livros da aldeia. Li leu toda a lista dos "fundos", detalhada pelos líderes da aldeia, e disse:

— De fato, isto é um abuso. Vamos analisar e entraremos em contato em um ou dois dias.

Dois dias se passaram e nada aconteceu. Mais dois dias se passaram, seguidos de outros três. Então, numa reunião convocada pela municipalidade na qual estavam presentes diversos oficiais das aldeias (incluindo de Luying), Ren Kaicai, o membro do Partido encarregado da lei e de assuntos jurídicos, solicitou ao chefe do Partido em Luying, Dong Yingfu, que esclarecesse a questão do excesso de impostos. Dong estava furioso — todos faziam o mesmo, por que o destacavam? Quando teve conhecimento de que os aldeões haviam apelado à liderança municipal e requerido uma auditoria, suspeitou que o povo estava com inveja de sua casa de alvenaria, construída recentemente. Ele então cuspiu um desafio:

— Alguns querem auditar meus registros. Alguns querem até derrubar minha casa! Eu gostaria de conhecer o filho-da-mãe que tem o atrevimento! Outros dizem que não tenho condições de comprar um trator e construir um telhado somente com o meu salário. Não tenho condições? Mas eu tive, e o que vocês podem fazer? Isso se chama ser esperto. Azar de vocês que são miseravelmente pobres! É o que merecem! Querem briga? Acho que vocês estão cansados de viver.

Todos os presentes ficaram chocados que um mero oficial de aldeia pudesse ter tamanha explosão com seu superior da municipalidade, mas Ren deixou passar. Quando chegou a Luying a notícia sobre o descontrole de Dong no encontro, todos ficaram revoltados.

— Como! Não existe lei sob o céu comunista?

Ding Zuoming não deixaria a questão ser esquecida. Três dias antes do Festival de Primavera, escreveu uma lista completa das taxas abusivas e dos "fundos de reserva da aldeia" impostos sobre os camponeses de Luying e tomou ele próprio o passo seguinte na escala hierárquica — para o Comitê Disciplinar do Comitê do Partido no condado de Lixin.

O funcionário do guichê de entrada argumentou que o Festival de Primavera estava muito perto e que Ding Zuoming teria que esperar para apresentar seu documento.

O Festival de Primavera foi muito tímido na aldeia Luying; quase não se ouviram sons de festejos.

Os dias transcorreram e logo era 9 de fevereiro, o 18° dia do primeiro mês lunar. O Festival de Primavera chegou e se foi, e ainda não havia resposta do Comitê Disciplinar do Partido no condado. As pessoas foram procurar por Zuoming e descobriram que ele passara todo o feriado do Festival escrevendo uma segunda carta de reclamação contra a liderança da aldeia Luying, listando em detalhes a pesada carga dos camponeses e os abusos na aldeia, bem como reclamando dos chefes municipais, descrevendo minuciosamente como violaram a lei do Partido, flagelando o povo.

Todos estavam contagiados pelo espírito de Ding Zuoming. De fato, se ninguém se atreve a erguer a cabeça, que esperança há para nós como nação? Naquela mesma noite de 9 de fevereiro os aldeões fizeram uma coleta, um iuane aqui, 80 *fen* ali, e na calada da noite mandaram oito homens, incluindo Ding Zuoming, como seus representantes rumo à sede do condado de Lixin.

O chefe do gabinete geral que recebeu os representantes viu a carta e se deu conta de que a situação na aldeia Luying era mais séria do que eles imaginavam. Imediatamente, informou ao secretário do Partido no condado de Lixin, Dai Wenhu. Dai, recém-chegado ao posto, estava bastante firme em seu apoio.

— Vamos encaminhar à municipalidade a ordem para estabelecer uma comissão auditora o mais breve possível, para analisar os registros financeiros da aldeia Luying. Quanto ao problema da liderança municipal, vamos ver isso também.

Zuoming e seus sete companheiros não se demoraram na sede do condado após apresentar a carta; para economizar, embarcaram no ônibus e foram para casa. Apesar da dura viagem de ônibus, não podiam deixar de saborear as palavras de apoio de Dai, sem saber que desastre e morte esperavam por eles no final.

Tragédia no distrito

No dia 11 de fevereiro, o vigésimo dia do Ano-Novo lunar — isto é, dois dias depois da visita de Zuoming e seus companheiros à sede do condado —, mais ou menos às 15h15, dois aldeões suavam no último sol de inverno jogando "seis rodadas", uma rústica versão local para o xadrez. O chefe encarregado da aldeia,* Ding Yanle, passou lá por acaso. Ele interrompeu seu curso ao ver Ding Zuoming entre o grupo de espectadores. Ele já sabia que a carta de reclamação de Zuoming incluíra informações a respeito dele e de sua espo-

*O dirigente do comitê da aldeia e seu subordinado imediato são administradores executivos. Funcionários do Partido não são responsáveis pela administração das aldeias. São hierarquias paralelas.

sa, Sun, acusando-os de desviar dinheiro dos "fundos de reserva da aldeia" e das multas pagas pelas violações da política do filho-único. Ding Yanle guardava ressentimento e esperava por uma briga.

Começou com uma ameaça.

— Ei, isso é jogo de azar, posso prender vocês — disse aos dois jogadores, mas manteve seus olhos em Ding Zuoming.

Ding Zuoming não conseguiu deixar de observar, surpreso:

— Mas é só um jogo. Mesmo que coubesse prender alguém, isso é de responsabilidade da segurança local.

— Não tenha tanta certeza! — replicou Ding Yanle, ferozmente.

Ding Zuoming sempre desprezara essas criaturas que começam a gabar-se um minuto depois que ascendem ao poder. Ele não estava nem um pouco impressionado pela bazófia de Ding Yanle, mas, vendo que o homem queria provocar briga, ficou quieto.

Sem resposta, Ding Yanle começou a empurrar Ding Zuoming, dizendo:

— Quer brigar?! Venha! Pode vir, pode vir!

Ding Zuoming nunca imaginara que um chefe responsável de aldeia pudesse descer tão baixo. Ele começou a se afastar, mas Ding Yanle lançou-se em sua direção, tentando acertá-lo com o ombro. Ding Zuoming se esquivou agilmente do golpe, a trombada errou o alvo e Ding Yanle foi direto ao chão. Finalmente, Ding Yanle conseguiu a desculpa que estava procurando.

É claro que Ding Zuoming sabia que tinha provocado peixes grandes e esperava retaliações cedo ou tarde, mas a vileza do truque que acabara de testemunhar estava abaixo do desprezível, e ele foi embora enojado.

Como esperado, o assunto não acabou ali para Ding Yanle. Na mesma tarde, foi seis vezes à casa de Ding Zuoming para jurar vingança, alegando que este o espancara. A esposa de Ding Zuoming, sem ter idéia do que acontecera, desfez-se em desculpas, mas Ding Yanle não aceitou nenhuma delas. Um de seus filhos até trouxe uma faca de açougueiro, berrando ameaças.

Naquela mesma noite de 11 de fevereiro, os aldeões persuadiram Ding Zuoming a ficar longe de casa por uns tempos. Zuoming não era de se intimidar por fanfarronices, mas considerou a situação: quando ele e os outros homens foram apresentar a petição ao condado dois dias antes, o recém-empossado chefe do Partido, Dai Wenhu, prometera ordenar a auditoria que haviam solicitado, então era só uma questão de tempo. Sem querer desviar atenção da questão principal, Zuoming engoliu seu orgulho e deixou a aldeia Luying na alvorada da manhã seguinte. Previsivelmente, também ao raiar do dia, Ding Yanle levou a família inteira para a casa de Ding Zuoming, atrás de seu sangue. Sem achar quem procurava, Ding Yanle partiu, declarando, "Ontem Ding Zuoming me feriu aos murros. Preciso ir ao hospital!". O chefe do Partido na aldeia, Dong Yingfu, que ainda não se manifestara em relação a toda a confusão, agora fazia um espetáculo ao ajudar a levar Ding Yanle ao hospital.

A esta altura, a esposa de Ding Yanle, Sun, que dirigia o programa de planejamento familiar da aldeia, foi ao chefe da região, Kang Zichang, e ao chefe do Partido, Ren Kaicai, e entregou uma acusação formal contra Ding Zuoming: seu marido, Ding Yanle, teria "implementado a política do filho-único de forma exageradamente zelosa, terminando por ofender Ding Zuoming, que o parou em uma ruela da aldeia e o espancou".

Kang e Ren estavam mais que satisfeitos em ver esta denúncia forjada contra Ding Zuoming. Eles receberam uma ordem firme de seus superiores no condado para que formassem uma comissão a fim de inspecionar os registros financeiros da aldeia Luying — uma ordem que, evidentemente, refletia mal para eles como liderança. O grupo deveria incluir os reclamantes. Era óbvio para Kang e Ren que Ding Zuoming era o principal líder, aquele que encaminhara os fatos à chefia. Kang e Ren não perderam tempo: convocaram de pronto a segurança da municipalidade a agir, visando à acusação contra Zuoming. E a segurança, sendo um instrumento dos interesses dos manda-chuvas, por sua vez também não tardou um momento sequer a mandar uma notificação para que Ding Zuoming se apresentasse imediatamente para depor.

Ao receber a convocação na fatídica manhã de 21 de fevereiro, Ding Zuoming não apenas saiu de seu esconderijo como, na manhã anterior, fora convidado a comparecer a uma reunião na prefeitura, onde a palavra firmada era que a auditoria teria início no dia seguinte sem falta. Zuoming estava perplexo pela convocação da segurança do município. Ele só podia concluir que era Ding Yanle em mais uma de suas jogadas. Mas Zuoming tinha certeza de que, uma vez que a auditoria começasse, todos os desmandos na aldeia Luying viriam à tona. Quanto a ele mesmo, nada tinha a esconder. Ele saiu de casa e foi ao gabinete de segurança do município a passos leves, momento em que nossa história começou.

O que aconteceu dentro do gabinete de segurança no dia 21 de fevereiro, depois que Ding Zuoming entrou, nunca veio a público, mas, depois de encerrado o caso, houve um relatório interno ao qual tivemos acesso para esta investigação.

De acordo com o texto, no minuto em que Ding Zuoming pisou no recinto, o chefe da segurança, Peng Zhizhong, vociferou:

— Como ousa atacar Ding Yanle?

— Eu nunca o ataquei, eu nunca ataquei ninguém! — Zuoming protestou.

A acusação e a negativa foram repetidas muitas e muitas vezes. A lógica de Peng era:

— Se você não atacou Ding Yanle, por que a esposa dele o denunciaria?

Ding Zuoming replicou:

— Se qualquer pessoa presente naquele lugar àquele dia, mesmo uma criança, confirmar que eu ataquei Ding Yanle, arcarei com as conseqüências.

Peng perdeu a paciência e proferiu a sentença:

— Primeiro, você deve pagar 280,50 iuanes pelas despesas médicas de Ding Yanle. Segundo, você deve carregá-lo de volta do hospital num riquixá, em um dia de feira.

É claro que Ding Zuoming não aceitaria a estapafúrdia sentença. Ele havia adquirido algum conhecimento de procedimentos legais devido à sua constante leitura de jornais, e então disse:

— Nunca ataquei Ding Yanle. Eu posso apelar de sua sentença.

Peng estava furioso. Ele apontou o dedo para Ding Zuoming e gritou:

— Eu posso prender você neste minuto mesmo!

Zuoming respondeu:

— Mesmo que sua "sentença" seja mantida, minha falta não é uma contravenção criminal. E mesmo que você me detenha, deve apresentar um motivo para a prisão em 24 horas.

Peng replicou:

— Ótimo, você vai ficar detido por 23 horas e meia. Depois disso, se recusar o pagamento, eu o manterei preso por outras 23 horas e meia. Isso continuará até que pague.

Dito isto, chamou três seguranças mercenários, Zhu Chuanji, Ji Hongli e Zhao Jinxi, e disse-lhes para levar Zuoming à "cela de detenção". O governo havia aprovado ordens claras proibindo a segurança local de manter tais celas.

Sob protestos de Ding Zuoming, Peng disse aos três homens:

— O palhaço não sabe se comportar. Muito espirituoso. Dêem uma amaciada nele.

E se retirou.

Os mercenários sabiam o que se entendia por "uma amaciada". Um dos homens presentes, Zhu, fora colega de turma de Zuoming no colégio e fugiu covardemente naquele momento para evitar qualquer comprometimento pessoal. Mas ele sabia que o chefe Peng nunca ficaria satisfeito enquanto não tivessem dobrado Zuoming. Assim, antes de sair, sugeriu que os outros dois tentassem o "trotar do cavalo",* uma de suas mais cruéis formas de tortura.

Ji e Zhao arrastaram Ding Zuoming da cela para uma sala fora de uso para o "trotar do cavalo". Obviamente Zuoming resistiu. Apesar de ter passado 12 anos no colégio, Zuoming não era um molenga. Endurecido por anos de lida na plantação, ele era mais que um páreo duro para Ji e Zhao, que sofriam para subjugá-lo — sem falar em fazer o trotar do cavalo. Foi então que outro segurança, Wang Jinjun, chegou com um porrete. Ji e Zhao bradaram que Ding Zuoming os estava atacando, então Wang ergueu o porrete e golpeou Zuoming de um lado e de outro. Ele tentou se defender, mas foi atingido repetidamente nos braços e nas costas. Embora gemesse de dor, ele não se entregava. Zuoming resistiu ao "trotar do cavalo", e Wang o espancou impiedosamente com o porrete. Quando o porrete se partiu, ele chutou Zuoming e usou um bastão elétrico para fazê-lo prostrar-se de joelhos. Quando Wang, exausto, cessou o espancamento, Ji pegou o toco de uma "vara de ombro"** quebrada e continuou de onde Wang havia parado.

Naquele momento Ding Zuoming havia parado de gemer. Ficou tomado pelo choque e horror ao se dar conta de que, se não "amaciasse", esses carrascos o matariam. Mas ainda assim não se entregaria. Encarando Ji, Zhao e Wang, gritou com toda a sua força:

— Sim, eu acusei os oficiais da aldeia. Eles estão fazendo uma sangria nos camponeses, o que é contra a política do Partido. Ma-

*O "trotar do cavalo" é uma invenção local sobre a qual não existem informações específicas disponíveis.

**Pedaço de madeira ou bambu de 2 a 3 metros de comprimento, é equilibrada entre os ombros e usada ainda hoje pelos aldeões para carregar de tudo um pouco: de sacos de grãos e outros produtos até crianças pequenas.

tem-me, mas não me entregarei. Se me matarem, meu espírito vai assombrar vocês todos!

Ji voltou-se e viu os olhos injetados de sangue que Ding Zuoming mirava nele, e o pedaço de madeira escorregou de sua mão. Isso enfureceu Wang, que berrou histericamente:

— Seu covarde desgraçado! Com medo dele! Como ele se atreve a falar grosso neste lugar?

Incitado, Ji pegou o toco e foi de novo até Zuoming. Enquanto isso, Zhao pegou um trapo sujo e enfiou na boca de Zuoming. Os três continuaram o espancamento por mais vinte minutos.

Por acaso, o diretor político da segurança do município estava em casa, de licença médica; ele foi alertado sobre os distúrbios e chegou para interferir, dando fim à violência.

O caso que chamou a atenção do Comitê Central do Partido

Quando alguns aldeões, incluindo membros da comissão de auditoria, acharam Ding Zuoming, ele estava quase morto. Eles choravam inclinados sobre seu corpo inerte, sabendo que ele fora levado àquele estado lastimável por ter defendido a causa deles. Alguns correram para avisar a família. O velho Ding, seu pai, correu e caiu de joelhos ao ver o filho. O rosto de Zuoming estava empastado e morbidamente pálido, e seus lábios trêmulos mal podiam balbuciar uma palavra.

Enquanto isso, o chefe imediato da segurança municipal, Peng Zhizhong, passou para conferir se Ding Zuoming tinha sido “amaciado”. Quando o velho pai se deu conta de que o recém-chegado era um líder no lugar e que seu filho tinha sido torturado por se recusar a fazer um pagamento, ele se voltou para Peng, implorando:

— Vou me desculpar junto a Ding Yanle, prometo pagar suas despesas médicas! Por favor, deixe meu filho ir!

De fato, o próprio Peng Zhizhong estava de certa forma chocado por seus homens terem ido tão longe. Vendo o estado de Ding Zuoming, ele estava mais do que satisfeito em aceitar o apelo do pai e deixá-los ir. Despachou-os com um gesto, mas lançou um aviso, às suas costas:

— Que fique claro, o pagamento deve estar em minha mesa até amanhã.

O velho Ding, ajudado pelos aldeões, levou o filho às pressas para o hospital. Ding Zuoming tinha muita dor no abdome e o hospital do município o mandou para o do condado. Lá, foi diagnosticada uma ruptura no baço e foram feitas transfusões de sangue, mas já era tarde. Na manhã seguinte, um dia após a data em que a auditoria pela qual ele se mobilizara deveria começar, Ding Zuoming morreu na mesa de operações.

O pai de Ding estava prostrado de desgosto.

— Meu filho, pobre simplório! Você estava com a razão, mas eles tinham a força. Você não sabia que a perna é sempre mais forte que o braço?

A mulher de Zuoming não podia aceitar a cruel realidade do que acontecera, lamuriando:

— Como pôde deixar que te matassem por 200 iuanes?! Sua vida não é muito mais preciosa que isso? Como vamos viver com dois velhos doentes e três crianças pequenas?!

Os aldeões tentavam consolá-los, mas eles também estavam entristecidos. Como pôde Ding Zuoming, tão esperto e articulado, deixar-se espancar até a morte sem gritar por socorro?

A notícia de que Ding Zuoming tinha sido morto por falar em nome de todos caiu na região como uma bomba.

Os camponeses da aldeia Luying chegaram ao limite: a revolta venceu sua timidez. Eles saíram às ruas e marcharam para a casa de

Ding Yanle, cuja provocação dera início à tragédia. Naquele momento, já tendo notícia de que uma revolta se formava, Ding Yanle fugiu do hospital e pegou a estrada com a família. Desde então, nunca mais se ouviu falar dele. Oito anos se passaram. Houve rumores de que haviam se instalado em Xangai, depois em Nanquim, e até mesmo na longínqua Hainan.

Não achando nada na casa de Ding Yanle, a multidão rumou para o gabinete de segurança do município, mas o grande e todo-poderoso Peng Zhizhong e seus carrascos também já haviam desaparecido.

Frustrados pela segunda vez, os enfurecidos aldeões decidiram ir direto à sede do condado de Lixin. Levantavam nuvens de poeira enquanto marchavam acompanhados dos roncos e buzinas dos tratores e triciclos de cabine fechada e caminhões e carros trovejando ao longo da estrada. Ao passarem pelos vilarejos vizinhos, mais pessoas se juntavam a eles, e, unida, a multidão furiosa seguiu seu caminho até a sede do condado. Obviamente, a aldeia Luying não era a única na qual os camponeses passavam necessidades. Os problemas que Zuoming apresentara aos líderes do condado, o pedido de auditoria dos livros, refletiam realmente a vontade comum de todos. Sendo assim, não podiam assistir impassíveis ao espancamento e morte de Ding Zuoming por seus esforços sem fazer nada a respeito. Seu entendimento tácito era: se não nos unirmos para fazer alguma coisa agora, podemos ter o mesmo destino de Ding Zuoming. De repente, o grupo que saiu da aldeia Luying reunia mais de 3 mil pessoas antes de chegar à sede do condado.

O "caso Ding Zuoming", acontecido no gabinete da segurança do município de Jiwangchang do condado de Lixin na província de Anhui em 21 de fevereiro de 1993, e que culminou em sua morte no dia seguinte, jamais será esquecido. Um jovem sacrificou sua vida para contestar a excessiva carga tributária dos camponeses; sua morte chamou a atenção de toda a China para a condição dessas pessoas.

Oficiais do Comitê do Partido no condado de Lixin e o governo do condado se apressaram para receber a multidão na metade do caminho, temerosos de que a situação se transformasse em uma espiral fora de controle. Eles se inteiraram dos fatos e tentaram lidar com o problema de forma justa. O que as autoridades queriam evitar, sobretudo, era o vazamento das notícias para o público, então proibiram qualquer reportagem sobre o assunto.

No final das contas, as notícias acabaram vazando não para as autoridades provinciais, como temiam os oficiais do condado, mas, pior, direto ao Comitê Central do Partido e ao Conselho Estatal.

A figura por trás desse vazamento de informação é Kong Xiangying, repórter da sucursal de Anhui da agência de notícias da Xinhua (chamada em inglês *The New China News Agency* — Agência de Notícias da Nova China). Kong era responsável pelas matérias de temática agrícola na província. Quando soube da história de Ding Zuoming, viu nela o espelho que refletia as incontáveis mazelas da China rural. E o momento para mostrar isto era propício. O fato de a tragédia ter ocorrido quando o problema da excessiva carga tributária sobre os camponeses era uma das maiores preocupações do Comitê Central do Partido fez a matéria se destacar ainda mais. Ali estava um jovem e escolarizado camponês que fizera queixa precisamente sobre esta questão, inclusive obtendo o apoio do condado, e acabara morto em plena luz do dia — espancado até a morte sob custódia da força de segurança do município. O senso de responsabilidade e dever civil obrigou Kong a largar tudo e ir para o município de Jiwangchang fazer sua própria investigação. Temendo menos a proibição de divulgação do assunto que os oficiais locais, ele rapidamente escreveu uma reportagem cobrindo os fatos, e mandou-a direto ao escritório principal da Xinhua, em Pequim. O texto foi imediatamente publicado, na íntegra, no *Tendências Nacionais*, uma publicação interna dirigida exclusivamente à cúpula da liderança.

Um dia, um funcionário do gabinete geral do governo da província de Anhui tomou o maior susto de sua vida quando atendeu seu telefone. Do outro lado da linha estava Chen Junsheng, secretário-geral do Gabinete Geral no Conselho Estatal em Pequim (o Conselho Estatal é o governo central). Chen Junsheng foi direto ao assunto:

— Tomamos conhecimento de que Ding Zuoming, um jovem camponês da aldeia Luying, no condado de Lixin, em sua província, foi perseguido e morto por denunciar a tributação excessiva dos camponeses. Como a liderança provincial tratou do caso?

Não houve resposta. O governo provincial não ouvira nada do condado ou da prefeitura sobre Ding Zuoming e naturalmente nada fez.*

O secretário-geral Chen continuou:

— Mantenha-me informado de como está sendo tratado o caso. Líderes no Comitê Central do Partido tiveram notícia e baixaram diretrizes. Ligue-me assim que obtiver informações.

O secretário-geral deixou não só os números de seu escritório e de casa, mas também o "telefone vermelho", linha de emergência de Zhongnanhai, a sede do Comitê Central do Partido em Pequim, em frente à praça Tiananmen. Nada como aquilo jamais acontecera em toda a história do governo provincial de Anhui. O funcionário imediatamente relatou a seus superiores, líderes da província, e depois providenciou o envio de ordens aos níveis da prefeitura e do condado.

O secretário do Partido no condado de Lixin, Dai Wenhu, que anteriormente ouvira as queixas dos camponeses (sob liderança de Ding Zuoming) e pedira a auditoria, agora tinha real noção da gravidade do quadro. Se ficasse estabelecido que a morte de Zuoming

*As unidades administrativas chinesas são as seguintes: central, provincial, municipal (prefeitural), condado, distrito e aldeia.

estava ligada ao problema da "sobrecarga dos camponeses", todo mundo estaria em maus lençóis, da aldeia ao condado, passando pelo distrito. Mesmo Dai Wenhu, recém-indicado para o cargo de secretário do Partido no condado, não conseguiria evitar comprometimento. Após considerar todos os lados do caso, Dai escolheu o caminho do menor esforço — acobertar todo o problema. E assim, 24 horas depois de receber a ligação, as lideranças do Partido e do governo no condado enviaram um relatório a seus superiores no governo provincial, no qual afirmaram que a morte de Ding Zuoming foi resultado de uma pura e simples disputa pessoal, de forma alguma relacionada ao problema da "taxação excessiva dos camponeses".

Quando Dai Wenhu decidiu distorcer o relatório, ele não estava informado de que, recentemente, uma multidão de mil camponeses se formara num protesto contra a carga tributária no condado de Renshou, província de Sichuan, e que os manifestantes haviam confrontado a polícia e incendiado uma viatura. Isto explicava o desconforto do governo central a respeito do acontecido em Anhui. Dai, sem saber disso, nunca imaginou que, na tentativa de ser esperto e dissimular o problema, ele estava na verdade acabando com seu próprio futuro político.

O relatório do condado de Lixin era exatamente o que os líderes provinciais queriam ver, e eles prontamente remeteram um resumo dos principais pontos a Chen Junsheng, em Pequim.

O secretário-geral Chen (do Escritório Geral do Conselho Estatal) era um homem cuidadoso. Vendo a discrepância entre este documento e o mais recente relatório interno da Agência de Notícias Xinhua, ele compreendeu que o que estava em questão não era tanto a *condução* do caso, mas sua *natureza*: seria realmente uma disputa entre civis ou uma vingança pela denúncia contra a taxação excessiva dos camponeses?

Chen contatou a Agência de Notícias Xinhua, que sustentou sua versão. Mas, em nome da eficácia, eles transmitiram a dúvida do secretário-geral Chen à sucursal em Anhui. Quando Kong, autor da reportagem original, soube da discrepância entre as duas versões, ele obviamente defendeu a sua. Para resolver o problema de uma vez por todas, a sucursal da Xinhua em Anhui requisitou que o governo e o Partido enviassem uma equipe de investigação à aldeia, para esclarecer o problema *in loco*.

Um grupo de investigação foi rapidamente formado, composto por membros do Comitê Disciplinar do Comitê Central do Partido, do Departamento Legal do Conselho Estatal, da Comissão Estatal de Planejamento, do Ministério da Agricultura e da Suprema Procuradoria Popular.* Eles não envolveram as autoridades provinciais ou locais, apenas deixaram Pequim rumo a Luying, sem escalas. As várias hierarquias dos governos locais ficaram chocadas ao se darem conta do que estava acontecendo bem debaixo de seus narizes.

A equipe de investigação primeiro prestou condolências à família de Ding Zuoming, e então começou a ouvir os aldeões. A apuração não se limitou a Luying, abrangendo também duas aldeias vizinhas. Os oficiais locais não eram convidados a participar, e os camponeses entrevistados ficavam sob proteção. Notícias do trabalho se espalharam, e camponeses de aldeias mais distantes vinham para falar com o grupo de investigação. Imediatamente se espalharam rumores de que o "juiz Bao"** reencarnado havia chegado da capital e estava entre eles, vestido à paisana.

*As procuradorias populares são órgãos estatais de supervisão legal. A Suprema Procuradoria Popular é o mais alto na hierarquia. Ela está subordinada ao Congresso Nacional e seu Comitê de Apoio.

**O juiz Bao foi um juiz da Dinastia Song (960-1279), cujo nome virou sinônimo de integridade legal.

As lágrimas dos membros da equipe de investigação

Sete anos depois, na tarde de 30 de outubro de 2000, em um gabinete no prédio do governo da província de Anhui, em Hefei, encontramo-nos com Wu Zhaoren, que fora segundo titular do Comitê Provincial de Economia Agrícola por 17 anos. Aposentado, tornou-se consultor do governo de Anhui e presidente da Associação de Economia Agrícola. Ele começou a falar sobre o que aconteceu em torno das atividades do grupo de investigação. Era como se tudo tivesse se passado na véspera. Ele acompanhou o grupo na volta a Pequim por acaso, explicou, porque ele próprio estava em uma viagem de negócios para a capital. Mas não escondeu o fato de que seus superiores no governo de Anhui estavam bem curiosos para saber o que o grupo havia descoberto na aldeia Luying, e que opiniões formaram. Wu disse que até hoje lembrava os nomes de dois membros do grupo que faziam parte do Ministério da Agricultura: Li Xiangang, chefe do Departamento de Supervisão da Tributação a Camponeses, uma unidade administrativa do Escritório para Direção e Supervisão da Economia Agrícola, e seu imediato, Huang Wei. Huang Wei, Wu destacou, era uma camarada muito capaz, e Li Xiangang fora outrora secretário do ministro, Jiang Chunyun. O fato de Li e Huang terem ambos sido incluídos no grupo de investigação mostra o quão seriamente o Comitê Central tratou do caso. O líder do grupo era Zeng Xiaodong, chefe do Comitê de Supervisão do Cumprimento da Lei do Comitê Central.

Wu nos contou que Zeng Xiaodong, descrevendo-lhe a condição dos camponeses do condado de Lixin, derramou lágrimas meneando a cabeça ao dizer:

— Nunca sonhei que, passados tantos anos da Liberação, os camponeses ainda fossem tão pobres, vivessem de forma tão dura, com uma carga tributária tão pesada e tão maltratados pelos oficiais.

O que mais impressionou Wu na opinião dos membros do grupo foi que a realidade se mostrara muito pior que a situação descrita no relatório original de Ding Zuoming. Tirando os manda-chuvas, que possuíam casas de alvenaria com telhas, todos os camponeses viviam em cabanas. A aldeia era tão desesperadamente pobre que, em algumas equipes de produção, as pessoas sobreviviam vendendo seu próprio sangue a intervalos regulares. Ainda assim, as taxas e multas continuavam se acumulando. O grupo de investigação concluiu, acima de qualquer dúvida, que Ding Zuoming era uma pedra no sapato da liderança não por sua violação da política do filho-único, mas pela denúncia das abusivas cobranças sobre os camponeses, e por este motivo fora espancado até a morte. Ao dizer isso, os lábios de Zeng tremeram, e lágrimas escorreram por suas faces.

Outros membros do grupo contaram a Wu que, no momento em que chegaram à aldeia, alguns dos aldeões mais velhos caíram de joelhos em súplica por justiça. Era de cortar o coração. Como estes veneráveis anciões poderiam superar seu conceito de humilhação e cair de joelhos, implorando a gente da idade de seus netos, senão derrubados pelo peso de um desgosto sem precedentes em suas longas vidas, senão por um extremo sentimento de opressão? Não eram esses camponeses justamente o tipo de pessoas a quem nos referíamos em geral como aqueles que haviam mudado de sorte e ganhado o mundo sob a égide do comunismo — *fanshen*?

O caso do espancamento e morte de Ding Zuoming por denunciar a sobrecarga de impostos foi tomado com máxima seriedade pelo Comitê Central. Em 19 de março de 1993, 26 dias após sua morte, o Gabinete Geral do Comitê Central do Partido Comunista e o Gabinete Geral do Conselho Estatal emitiram, em conjunto, um pacote de "diretrizes emergenciais visando aliviar a carga tributária sobre os camponeses". Em 20 de junho, o Conselho Estatal convocou uma reunião em Pequim sobre a questão da sobrecarga de impostos nos camponeses e como aliviá-la. Um mês depois, em 22 de julho, os dois gabinetes gerais novamente instituíram uma diretriz de emergência visando firmar a taxação de produtos agrícolas. Uma lista de 122 itens foi declarada totalmente isenta, tornando ilegal sua taxação sob qualquer pretexto. A diretriz também listou os que poderiam ser isentos ou ter adiamento facultativo na quitação, ou onde as regulações deveriam ser revistas. Era algo sem precedentes nos 44 anos de história da República Popular da China que tantas diretrizes emergenciais, tratando da sobrecarga dos camponeses, fossem instituídas em tão curto espaço de tempo, sem falar da conferência nacional que foi convocada para tratar do assunto.

Acusações foram apresentadas e a Corte Intermediária da prefeitura de Fuyang, um nível acima da do condado, julgou o caso em sessão aberta na corte de Lixin. Estavam sendo julgados sete homens diretamente envolvidos na morte de Ding Zuoming. A Wang Jinjun, que usou o porrete para torturar Zuoming, foi dada pena capital sem qualquer direito político. Quanto aos outros carrascos, Zhao Jinxi foi condenado à prisão perpétua, e Ji Hongli pegou 15 anos. O segundo chefe da segurança, Peng Zhizhong, que ordenou a "amaciada", foi condenado a 12 anos de prisão, e Zhu Chuanji, o colega de Zuoming que sugeriu a tortura do "trotar do cavalo", para depois sair sorrateiramente, foi sentenciado a sete anos.

O Comitê do Partido e corpo administrativo da prefeitura de Fuyang tomou medidas disciplinares contra os oficiais do Partido e as autoridades administrativas das esferas do condado e do distrito envolvidos no caso: Dai Wenhu, líder do Partido em Lixin, recebeu uma advertência; Xu Huaitang, vice-líder parlamentar do governo do condado, foi rebaixado. Li Kunfu, chefe do Partido no distrito de Jiwangchang, recebeu uma advertência grave; Kang Zichang, chefe do governo municipal da mesma cidade, foi posto em condicional como membro do Partido e perdeu todos os seus postos partidários e administrativos; Ren Kaicai, o chefe substituto do Partido no distrito, foi afastado do cargo.

Parece um verdadeiro final feliz. Será?

Num dia de início de primavera, em fevereiro de 2000, entramos no que outrora havia sido a casa de Ding Zuoming. Era evidente que a família estava com dificuldades para se sustentar, tendo perdido seu arrimo — mesmo tendo se tornado isenta de impostos desde o falecimento de Zuoming. Lágrimas ainda vertiam do rosto idoso do pai quando mencionava os acontecimentos passados. Ele nos mostrou o documento com o veredicto da corte municipal, que estipulava o pagamento dos danos à família como obrigação. Ao longo de anos, eles fizeram inquéritos intermináveis no gabinete da prefeitura e pagaram uma absurda taxa de "execução de ordem judicial", mas, até o momento de nossa visita, não haviam recebido indenização alguma. A mãe de Zuoming estava inválida e não saía da cama. A viúva quebrara o braço direito, estava incapacitada e podia apenas fazer trabalhos leves. As três crianças estudavam de graça, mas os dois filhos mais velhos, de 14 e 12 anos, abandonaram os estudos para ajudar em casa.

Deixando a aldeia Luying, fomos visitar o túmulo de Ding Zuoming. Ficamos silenciosamente à frente da lápide, cultivando a esperança de que tamanha tragédia não se repita.

Tínhamos fé em que Ding Zuoming, o primeiro mártir da causa da proteção dos direitos dos camponeses, seria também o último. Mas soubemos que, em outra aldeia, em outro distrito de outro condado, uma tragédia igual ocorrera — desta vez em maior escala, mais chocante e mais sangrenta.

2

O TIRANO DA ALDEIA

Quatro mortos em questão de minutos

Desde a crescente onda de comercialismo, o número oito, *ba*, tem crescido em importância, pois sua pronúncia em mandarim rima com a expressão *fa*, de "fazer", "conseguir".

Em circunstâncias normais, o dia 18 de fevereiro de 1998, que inclui dois oitos, seria considerado uma data auspiciosa. Mas na aldeia Zhang, no distrito de Tangnan, condado de Guzhen da província de Anhui, a data será para sempre lembrada como um dia de luto.

A aldeia Zhang está situada em uma planície, às margens do rio Huai. Sofrendo com as estiagens e onerado por multas e taxas abusivas pelos líderes de aldeia, o povo levava seus dias, ano após ano. Isso não quer dizer que todos na aldeia aceitavam tudo passivamente. Havia, por exemplo, quatro homens corajosos — Zhang Jiaquan, Zhang Jiayu, Zhang Hongchuan e Zhang Guimao — que, diversas vezes, foram aos oficiais e ao comitê do Partido no distrito para exigir uma auditoria das finanças da aldeia.

Um dos militares do quadro local, chefe em exercício Zhang Guiquan, fervia de raiva e rangia os dentes diante da interminável corrente de reclamações e acusações das quais sabia que era um dos alvos. Ele era acusado de se apropriar de recursos públicos. Mas, de volta ao distrito, Zhang podia fazer os aldeões, que em todo caso sempre tratava como lixo, obedecerem às suas ordens num estalar de dedos. Quanto a estes, evitavam-no, sabendo que ele era totalmente inescrupuloso sempre que tinha a chance.

Um dia, o chefe da aldeia convocou à sua casa dois membros da força de segurança do distrito. Então convidou Zhang Hongchuan, um dos homens que vinha fazendo acusações contra ele, para uma visita, dizendo que assim eles poderiam examinar juntos as finanças do vilarejo. Zhang, sem suspeitar de nenhum golpe e consciente de que o direito estava do seu lado, não se intimidou com a perspectiva de encarar o vice-chefe da aldeia, Zhang Guiquan. Saiu com disposição, na expectativa de dar uma verificada nos livros. Mas, no minuto em que pisou na casa do chefe da aldeia, os dois seguranças do distrito e dois dos filhos de Zhang Guiquan o acuaram e espancaram quase até a morte. Se não fosse pelo sobrinho do pobre homem, que foi alertado e correu em socorro do tio, é difícil dizer o que restaria de Zhang Hongchuan após o ataque.

Esta demonstração de violência por parte de Zhang Guiquan deveria servir de aviso, mas, em vez de intimidar os aldeões, só serviu para mobilizá-los. Oficiais veteranos, membros do Partido e 87 famílias se uniram e foram duas vezes ao gabinete da municipalidade e cinco vezes à casa do chefe do Partido na aldeia, Zhang Dianfeng, para exigir um inquérito sobre o comportamento abusivo do chefe em exercício e uma auditoria dos livros.

Atormentada por estes repetidos apelos, a equipe do Partido em Tangnan finalmente concluiu que algo precisava ser feito. Justo naquele momento, aconteceu que os superiores no condado de Guzhen deram ordens a todas as regiões de fazerem uma auditoria geral das aldeias sob sua supervisão pessoal. O líder do Partido na região, Zuo Peiyu, anunciou a alguns dos aldeões de Zhang que por acaso estavam lá, apresentando outra de suas petições:

— Que sorte! O condado está promovendo uma auditoria geral e nós decidimos começar com sua aldeia! O dirigente de nosso Comitê Disciplinar Regional do Partido, camarada Wang, vai liderar uma comissão, incluindo três contadores da tesouraria municipal. Eles irão imediatamente para a sua aldeia.

Esta notícia deixou a aldeia Zhang num estado de grande excitação.

Em 9 de fevereiro, liderados por Wang e três contadores e reforçados pela inclusão de Xue, funcionário municipal encarregado de supervisionar a aldeia Zhang, a comissão se desdobrou no vilarejo para realizar a missão.

No mesmo dia, com Wang presidindo, as 87 famílias fizeram uma séria consulta entre si e elegeram 12 representantes para se juntar à comissão auditora. Entre os selecionados estavam Zhang Hongchuan, que já havia sofrido um ataque nas mãos do chefe Zhang Guiquan, e três outros que sempre lutaram pelas causas dos camponeses — Zhang Jiayu, Zhang Guiyu e Zhang Guimao. Conhecendo bem Zhang Guiquan por ser tipo histriônico, o grupo não esperava que as coisas fossem tranqüilas. Eles definiram regras rígidas e pautas para a condução da auditoria. Além disso, como forma de se precaver, os 12 representantes fizeram um pacto particular. Caso o chefe crescesse para cima de qualquer um deles, os outros apoiariam quem quer que fosse o agredido, prevenindo assim que alguma coisa ruim acontecesse.

Como esperado, Zhang Guiquan lançou mão de um truque de seu repertório para turvar a visão das pessoas, obstruindo os trabalhos da auditoria. Por exemplo, espalhou rumores de que alguém tentara envenenar um de seus filhos. Quando sua jogada falhou, ele usou termos chulos publicamente numa reunião dos oficiais da aldeia:

— Doze representantes de merda querendo me investigar! Só podem estar sonhando! Mesmo que consigam se livrar de mim, suas vidas estarão acabadas. Se eles tiverem a sorte de saírem vivos, vou fazê-los perder, no mínimo, um braço ou uma perna!

Em 14 de fevereiro, a comissão auditora decidiu examinar os arquivos dos "fundos de reserva". O chefe local do Partido, Zhang Dianhu, que estava encarregado das finanças, tentou tapear a comissão entregando alguns registros antigos. Na verdade, esta era uma manobra para ajudar Zhang Guiquan, mas ele, em sua fúria alucinada, não conseguia discernir entre amigo e inimigo e começou a insultar o colega, acusando-o de desencavar dados antigos. Em 15 de fevereiro, a nora do dirigente espalhou que seu sogro se mordia de vontade de enfiar uma faca em alguém. Nem a liderança do município nem a da aldeia deram atenção a este aviso, e mesmo a comissão julgou que fosse só mais uma das bravatas de Zhang Guiquan. Ninguém imaginava que, na manhã de 18 de fevereiro, nove dias após o início da auditoria, o vice-chefe da aldeia iria promover uma verdadeira chacina.

O dia 18 de fevereiro foi o 22° do primeiro mês no calendário lunar, e isso significava que chuva era esperada para o dia seguinte, mas uma garoa de primavera se antecipou. Começando na noite anterior, o chuvisco continuou a cair sem dar nenhum sinal de que pararia. No raiar do dia 18 de fevereiro, a maioria dos aldeões ainda estava enrolada em seus sacos de dormir.

Wei Surong, de 58 anos, de todo modo já estava de pé e se ocupando do fogão. Embora ela não se envolvesse em questões públicas como o marido, sabia exatamente o que estava acontecendo na aldeia. Seu marido, Zhang Guiyu, era um dos 12 representantes encarregados da investigação e realizava sua tarefa todo dia, fizesse chuva ou sol. Obviamente, seus companheiros da aldeia confiavam nele, já que a auditoria era de extremo interesse da comunidade. Wei Surong sabia que seu marido não podia atrasar-se para o trabalho, então saía da cama cedo toda manhã para preparar o desjejum.

A chuva primaveril ainda caía, e uma névoa cinza se mantinha do lado de fora da janela. Wei Surong pôs a mesa e seu marido e o filho, Pine, sentaram-se para comer. Os ponteiros do relógio indicavam dez minutos passados das sete. Neste instante, o chefe em exercício da aldeia, Zhang Guiquan, apareceu na porta de entrada da casa, seguido de seu quinto filho, Zhang Yuliang, do sétimo, Zhang Leyi, e do contador da aldeia, Zhang Jiahui, que trazia seu filho, Zhang Jie, logo atrás deles.*

O surgimento do dirigente àquela hora com dois de seus filhos e o contador — que era, evidentemente, hostil à auditoria — era um sinal claro de que ele estava inclinado à maldade. A única coisa que faltava era uma desculpa para agir. O filho do contador, naturalmente desagradado pela inspeção dos livros de seu pai, começou por provocar Zhang Guiyu:

— Então, o que você descobriu? Temos participação nos espólios?

Zhang Guiyu compreendeu a natureza das intenções do grupo. Ele levantou da mesa e disse, friamente:

— O povo me escolheu para a auditoria. Como posso recusar?

Neste ponto, o sétimo filho do chefe da aldeia interrompeu com um palavrão:

— Filho-da-puta! Quem é você para auditar, seja lá o que for?!

Zhang Guiyu se chocou com os termos do jovem, uma geração mais novo que ele. Ele replicou:

— Como se atreve? Você usaria o mesmo linguajar com seu próprio pai?

O pai interrompeu, dizendo:

— Maldito seja! Isso não é mais que o que você merece! — enquanto sinalizava para que seus dois filhos atacassem.

*Uma vez que todos os filhos eram adultos capazes de manejar facas, eles nasceram antes da política do filho-único começar a valer. Mesmo assim, autoridades freqüentemente violavam a política com impunidade.

A agressão veio tão de repente que Zhang Guiyu ficou atordoado por um momento, incapaz de compreender a situação. Sua mulher, Wei Surong, acorreu tentando arrastá-lo para dentro do recinto interno, gritando para o chefe Zhang:

— Como ousa entrar em nossa casa para nos atacar! O que você quer, afinal?

Enquanto isso, o sétimo filho pegou um porrete apoiado contra a porta e o quinto filho pegou uma foice caída no chão. O contador segurou Zhang Guiyu pela cintura, enquanto o sétimo filho saltou sobre ele com o porrete para acertá-lo. Zhang Guiyu conseguiu se livrar da imobilização do contador e, vendo que eles estavam com intenção de matá-lo, pegou um tijolo do chão. Wei Surong achou uma faca de cozinha em cima do fogão, pronta para se defender.

Os dois lados encararam-se mutuamente; a situação era explosiva. A agitação pôs os vizinhos em alerta. Os dois filhos do chefe, vendo que os inimigos estavam em maior número, saíram fugindo da casa.

Mas seu pai ainda não estava por se entregar.

Dirigiu-se para a parte de trás da casa, lançando um desafio a Zhang Guiyu:

— Vamos lá, venha me encontrar lá atrás, se você é homem!

Zhang Guiyu, um homem honrado que nunca se curvara perante um desafio, certamente não se acovardaria perante um arrogante alarde de oficial da aldeia. Ele seguiu Zhang para os fundos da casa, dizendo:

— Você sabe que a auditoria geral é uma ordem da municipalidade. O povo me escolheu. Que culpa tenho? Era melhor botar uma tranca nessa sua boca. Eu vou checar seus livros e descobrir os problemas! E o que você pode fazer quanto a isso?

O chefe Zhang havia secretamente sinalizado ao sétimo filho para ir em casa buscar reforços. Agora ele voltava com dois irmãos, o primogênito, Zhang Jiachi, e o sexto, Zhang Chaowei, ambos com armas escondidas. O sexto filho começou a golpear Zhang Guiyu no instante em que chegou, enquanto o quinto derrubou o tijolo de sua mão. Vendo que, mesmo desarmado, Zhang Guiyu não se entregava e continuava lutando, o sexto filho sacou um punhal que tinha em suas botas de borracha e uma faca de açougueiro que trazia escondida dentro da jaqueta. Brandindo as armas, atingiu a vítima na cabeça e apunhalou-a no peito. Pego de surpresa, Zhang Guiyu caiu de imediato no solo, sem emitir nenhum som.

Naquela altura, Zhang Hongchuan e Zhang Guimao, ambos integrantes da comissão, acorreram, honrando o acordo prévio de permanecerem unidos em qualquer emergência. Eles ficaram em choque ao ver Zhang Guiyu caído no chão e coberto com seu próprio sangue, amaldiçoaram o chefe e gritaram por um médico.

O chefe Zhang já tinha perdido completamente a razão. Vendo a chegada de Zhang Hongchuan e Zhang Guimao, disse com um sorriso sinistro:

— Maldição, chegaram bem na hora. Estava esperando por vocês!

Voltando-se para o primogênito, gritou:

— Matem! Matem! Doze canalhas tentando conferir minha contabilidade, matem todos!

O quinto filho, que por acaso estava mais perto de Zhang Hongchuan, pulou nele imediatamente, apunhalando-o no peito, no abdome e nos quadris. O homem parou de respirar antes que pudesse esboçar qualquer reação.

Justo quando o quinto filho estava atacando Zhang Hongchuan, o próprio chefe imobilizou o outro representante da aldeia, Zhang Guimao, firmemente pelas costas e o insultou:

— Filho-da-puta! Sair por aí levantando acusações contra mim? Tentando auditar minha contabilidade? Tome aqui sua auditoria!

Mesmo contido por trás, Zhang Guimao era alto e musculoso e conseguiu rivalizar com o agressor. Este, percebendo-se em desvantagem física, chamou o sétimo filho:

— Leyi, venha aqui e derrube-o!

O filho cumpriu a ordem erguendo a faca e desferindo um golpe no crânio de Zhang Guimao. Neste ínterim, o primogênito, que entrou em delírio em meio à cena da carnificina, juntou-se ao irmão; ele montou em Zhang Guimao e o apunhalou três vezes nas costas com a faca de açougueiro. De acordo com provas forenses reunidas depois, o crânio de Zhang Guimao foi rachado por cinco golpes na cabeça, e seu pulmão esquerdo perfurado.

Enquanto isso, Zhang Guiyu, em cuja casa se dera o ataque, gemia de dor e estava prestes a dar seu último suspiro. O primogênito, vendo que o homem ainda respirava, precipitou-se sobre ele e o esfaqueou cinco vezes, no peito e no abdome.

E assim, num piscar de olhos, três membros da comissão auditora — Zhang Guiyu, Zhang Hongchuan e Zhang Guimao — jaziam mortos ou moribundos nos fundos da casa de Zhang Guiyu. A chuva continuava caindo, misturada agora ao sangue no chão; o nauseabundo cheiro do sangue pairava forte no ar.

Foi então que o irmão mais velho de Zhang Guiyu, Zhang Guiyue, soube do que havia acontecido. Ele arrebatou às pressas um bastão usado para revirar ração de gado e correu. A vista de Yue era ruim e ele não reconheceu o caçula caído.

Subitamente, ele se viu cara a cara com o primogênito de Zhang Guiquan.

— Este não é meu irmãozinho?! — exclamou.

Antes que pudesse terminar a pergunta, a faca de açougueiro já estava alojada em seu tórax.

Em meio ao tumulto, Pine, o filho de Zhang Guiyu, que tinha 16 anos, tentou mover o pai para levá-lo ao hospital. Vendo isso, o sexto filho mirou sua sangrenta faca de açougueiro bem na nuca do jovem. Alguém conseguiu balbuciar um grito de aviso e Pine se virou bem no milésimo de segundo para evitar o golpe, que acabou pegando em seu ombro. O menino se ergueu e correu para salvar sua vida.

E assim, em questão de minutos, quatro pessoas foram mortas e uma ferida enquanto a chuva caía na aldeia Zhang.

O quarto filho do chefe da aldeia, Zhang Simao, corria para o local com uma faca na mão, ansioso para contribuir com sua parte na matança. Foi quando a voz do chefe do Partido na aldeia, Zhang Dianfeng, fez-se ouvir através do sistema de som, convocando a comissão auditora para dar início aos trabalhos da manhã.

Indicado a cargo de liderança enquanto cumpria pena

O poder da organização é considerável e pode se tornar formidável quando combinado com poder político. O elevado número de camponeses na China poderia torná-los invencíveis, mas eles estão dispersos e sem recursos organizacionais para se opor à opressão. Os oficiais rurais, por outro lado, são altamente organizados; eles são os representantes legais do poder estatal no campo. Se este corpo de representantes põe de lado a vontade do governo central,* a mais alta autoridade, que lhes delegou poder, e se apropria dos recursos organizacionais do Estado para seus próprios interesses, as conseqüências são desastrosas.

A educação do chefe Zhang Guiquan limitava-se ao equivalente à escola primária, mas, contando com seu poder como chefe da aldeia e com o seu clã — seus sete herdeiros —, ele estava apto a controlar a aldeia Zhang e agir como o tirano absoluto da área.

Em 1997, ele sabia perfeitamente que a alíquota cobrada do imposto em grãos** era a mesma do ano anterior, mas foi além, im-

*Refere-se ao Conselho Estatal da República Popular da China.

**O imposto em grãos — uma quantia determinada de grãos que os camponeses têm de vender ao governo por um preço fixo — é uma antiga tradição que, acredita-se, existe desde os tempos remotos da Dinastia Xia, por volta de 2200 a.C.

pondo uma sobretaxa de 50 *jin* (meio quilo) per capita. Ele dispunha de uma miríade de maneiras para explorar os camponeses. Uma de suas invenções eram as "cinco taxas e uma multa": por sua ordem, qualquer família que criasse um porco devia pagar 45 iuanes a mais; qualquer família que construísse uma casa nova devia pagar uma taxa de 150 a 500 iuanes (o valor preciso a ser determinado pelo capricho momentâneo do tirano); proprietários de casas antigas na aldeia tinham que pagar 50 iuanes; qualquer família que plantasse amendoim devia 10 iuanes por *mu* (cerca de 1.660 metros quadrados, ou um sexto de hectare); qualquer família que adquirisse um trator tinha que pagar uma taxa de 50 iuanes. (Zhang Guiyue, que foi morto na tentativa de salvar seu irmão Zhang Guiyu, havia juntado cada centavo de suas economias para comprar um trator, mas teve de comparecer com 45 iuanes de imposto mesmo antes de dar partida no motor da máquina. Agora o dono estava morto, enquanto o trator novo em folha permanecia sem uso, guardado num depósito.) Quanto a duas outras invenções do chefe da aldeia Zhang — a taxa de "controle de natalidade" e a de "amparo à infância" —, ninguém podia decifrar o significado. O acumulado das multas por violações da política do filho-único dependia de seus caprichos. Além disso, ele ocasionalmente emitia um pedaço de papel em vez do recibo regular para estes pagamentos e nunca fazia o registro em seus livros. Por outro lado, ele mesmo nunca contribuiu para o fundo de reservas da aldeia, e tampouco pagou as "cinco taxas e uma multa", inventadas por ele. Resumindo, ele criou uma gama de engenhosas maneiras de tirar até o último tostão dos agricultores.

Recorrendo a seu poder de coerção, esta autoridade se intrometeu em terras públicas; apropriou-se de viveiros de peixe, uma propriedade pública e fundos públicos em benefício próprio; nada o impedia. Ele não tolerava o mais leve sinal de revolta da parte dos aldeões, menos ainda qualquer tentativa de desafiá-lo. Por exemplo, um dia Zhang Chaohua, a mulher de um veterano reformado, teve uma querela com ele sobre a distribuição de campos de debulha.* A mulher começou a discutir com ele enquanto estavam em uma ponte. Para ele, era absolutamente inaceitável que alguém pudesse responder-lhe daquela forma, quanto mais uma mulher. Num arroubo de fúria, ele a empurrou da ponte. Zhang Chaohua ficou caída inconsciente por horas e aparentava estar morta. Mais tarde ela recobrou a consciência, mas ficou permanentemente paralítica. Seu marido levou o chefe Zhang ante a corte do condado de Guzhen, e a corte determinou que Zhang deveria pagar 8 mil iuanes à família pelos danos. Evidentemente, o tirano se recusou a pagar qualquer coisa. Finalmente, quando a questão chegou a uma instância superior e não pôde mais ser ignorada, Zhang desviou a soma devida dos fundos públicos da aldeia.

Como tal vilão pôde chegar a líder de uma aldeia? Oficialmente, ele tinha apenas os direitos de chefe substituto do vilarejo, mas onde estavam o chefe local e o representante do Partido? Estavam eles trabalhando com os mesmos interesses ou fazendo vista grossa? Este era um dos mistérios que esperávamos resolver ao longo da investigação.

Quanto mais sabíamos sobre o passado de Zhang, mais a situação se mostrava estapafúrdia. Descobrimos que os problemas na aldeia não se limitavam às finanças duvidosas. Irregularidades no nível mais básico da organização eram extremamente alarmantes. Em 20 de maio de 1992, este mesmo Zhang fora julgado por peculato e estupro e condenado a um ano de prisão pela corte do condado de Guzhen, com dois anos de condicional. Durante este período, a área administrativa da aldeia foi redistribuída e Zhang Guiquan se atribuiu a posição de subchefe da recém-reformada al-

*"Distribuição de campos de debulha" refere-se ao fato de, após as comunas agrícolas serem gradualmente quebradas, a terra ser dividida e contratada para domicílios individuais. O campo de debulha era também dividido em seções para o uso domiciliar individual, e podia haver desentendimento sobre como essas divisões eram conduzidas.

deia Zhang. Os aldeões queixaram-se de que ninguém o havia escolhido para o cargo, de que não houve nenhuma espécie de consulta e de que a indicação de Zhang Guiquan fora imposta ao povo pelo chefe partidário distrital e alguns membros da organização do Partido na aldeia.

O fato de, mesmo sendo um criminoso e sociopata, ele ter sido realmente indicado por dois níveis da organização partidária, distrito e aldeia, a uma poderosa posição enquanto ainda cumpria condicional o deixou à vontade para cometer mais atrocidades.

O comportamento padrão de Zhang Guiquan apresenta as características do típico malfeitor da sociedade chinesa tradicional. Mas Zhang difere desta figura tradicional de muitas formas. O malfeitor da aldeia dos velhos tempos era um pária na comunidade e não detinha uma grande quantidade de terra ou propriedade. Certamente não desfrutava de nenhuma autoridade legal. Hoje em dia, no entanto, tipos como Zhang Guiquan podem se apropriar de terras públicas e propriedades sem restrições, porque são legalmente investidos de poder sobre a aldeia. Em outras palavras, um oficial do quadro da aldeia como Zhang Guiquan era uma calamidade pública pior que os malfeitores de antigamente.

Apesar de excepcionalmente horripilante, o caso do massacre promovido por Zhang Guiquan e seus filhos em plena luz do dia não era isolado. Em nossa investigação, descobrimos que facínoras locais que faziam o que queriam com os camponeses eram um fenômeno comum da vida nas aldeias. Zhang Guiquan era apenas um dos produtos do peculiar mecanismo do poder da China no nível da sociedade rural. É fácil definir o problema, mas a verdadeira questão é: como assegurar que uma tragédia como esta jamais volte a acontecer?

Um prolongado sofrimento

Vinte minutos depois de recebido o chamado de socorro, a polícia antimotim do condado de Guzhen cercou a aldeia Zhang. Os suspeitos dos crimes, Zhang Guiquan e seus filhos, foram imediatamente presos, exceto pelo sétimo filho, Zhang Leyi, que fugira. De acordo com o depoimento das famílias das vítimas e das testemunhas, Zhang Leyi pôs todas as armas do crime em uma sacola e saiu da cena do crime, bem na frente do chefe do Partido na aldeia, Zhang Dianfeng, que não o identificou à fortemente armada polícia antimotim, permitindo assim que o criminoso escapulisse por uma ruela atrás de uma casa.

As notícias dos crimes espalharam-se como um incêndio. Mas as autoridades, tanto no condado como no distrito, ignoraram completamente o fato de que o episódio fora desencadeado integralmente pela demanda do campesinato por seus direitos democráticos e pelo alívio de sua carga tributária. O poder público evitou o assunto como a um veneno. No dia seguinte ao incidente trágico, enquanto toda a aldeia ainda estava em choque e aos prantos, o canal de TV a cabo do condado de repente anunciou uma notícia. Segundo a TV, um caso extremamente grave de "homicídio culposo", oriundo de "uma disputa civil", havia ocorrido na aldeia Zhang, distrito de Tangnan. A tela exibiu imagens de uma foice e uma faca de cozinha como sendo as armas do crime. Claro, os objetos mostrados haviam sido tirados da casa de Zhang Guiyu, a vítima, uma vez que a polícia não encontrara nenhuma arma relativa ao crime, pois estas haviam sido removidas do local. A reportagem era uma farsa total.

Tão logo a matéria foi ao ar, a comunidade de Zhang explodiu em indignação. Membros das famílias das vítimas — Zhang Liang, filho único do assassinado Zhang Guimao, e Zhang Guiju, que perdera dois irmãos, Zhang Guiyu e Zhang Guiyue — e muitos outros ficaram revoltados com o programa de TV. Na manhã seguinte, 20 de fevereiro, trezentas pessoas se reuniram e foram à emissora de TV para exigir uma explicação. Por que o incidente fora chamado de "homicídio culposo"? Que pretensa "disputa civil" era essa que as vítimas, representantes eleitos pela comunidade, estavam supostamente tendo com o chefe Zhang Guiquan? O problema real, disseram, era que um criminoso ainda cumprindo sentença se transformara em liderança de aldeia e reinava sobre todos. Os aldeões, sofrendo com a excessiva carga de impostos, haviam pedido uma auditoria dos livros, o que era seu direito democrático. A auditoria fora requisitada pelas autoridades do condado e deveria ser supervisionada pelo poder público distrital, mas na aldeia as pessoas comprometidas com a auditoria foram vítimas de um bárbaro e intencional massacre, não um "homicídio involuntário".

O produtor de TV local ficou pasmo com os questionamentos. Ele nunca imaginara que havia tantos ângulos na questão, e que o caso era, na verdade, um crime premeditado. Ele não teve outra escolha senão confessar que levou ao ar a reportagem por ordem das autoridades do condado. Os mortos não podem ressuscitar, é verdade, mas ao menos é preciso haver um veredicto justo. As vítimas foram assassinadas porque eram paladinos dos camponeses e haviam sido confiadas por eles para cuidar de seus interesses. A monstruosa cadeia de eventos era totalmente inaceitável e a matéria de TV forjada era um agravante ainda maior, somando insulto ao extremo dano. Os enfurecidos agricultores decidiram confrontar o chefe do Partido no condado.

As sedes do governo e do Partido eram bem ao lado da sede do canal, separadas apenas por um muro. Quando saíram do prédio da emissora, os aldeões descobriram que a rua estava cheia de gente. As notícias se espalharam, e muitas pessoas estavam indignadas pela flagrante atrocidade dos assassinatos. Quando souberam que a aldeia Zhang se deslocara em massa para acertar contas com a emissora de TV, eles sentiram que algo estava acontecendo. Nestes tempos, as notícias eram raramente confiáveis, especialmente reportagens sobre incidentes de grande proporção. E, portanto, as pessoas saíram às ruas para descobrir a verdade sobre os fatos por elas mesmas. Muito rapidamente, 3 mil manifestantes se juntaram para caminhar em marcha pela cidade de Guzhen.

As autoridades do condado, estando bem ao lado da estação de TV, tinham um panorama claro da situação. As autoridades do condado e do Partido desapareceram na hora em que os revoltosos estavam a caminho do gabinete.

Em 21 de fevereiro, dia seguinte à infrutífera visita à sede do condado, os aldeões foram notificados pelo chefe do Partido na aldeia, Zhang Dianfeng, para comparecerem a uma reunião na casa de Huang, na fronteira ocidental da aldeia. Huang construíra a casa para o futuro casamento de seu filho. Uma vez que o jovem ainda trabalhava na cidade grande, a casa, estando desocupada, era freqüentemente usada para reuniões e outros eventos.

Quando se encontraram, os aldeões descobriram que os líderes do distrito tinham vindo em seu encalço. Estavam presentes o delegado-chefe distrital, He Jingkuei, e o chefe do Partido para questões legais, Qiu Ya, bem como membros da força de segurança distrital. Ficou evidente que o motivo de sua presença era calar a boca do povo.

O clima do encontro estava extremamente tenso. He Jingkuei abriu os trabalhos com uma leitura de artigos do Código Penal, para então anunciar que era proibido apelar às autoridades de nível superior, ou começar um tumulto, ou debater sobre o incidente. Todos os presentes estavam nervosos, especialmente os familiares que haviam perdido seus entes queridos. Eles estavam sendo constrangidos a sentir-se como se transgredissem a lei e eram tratados como se estivessem enquadrados em duas categorias dos "quatro párias" de antigamente: proibidos de "falar sem ter a vez" e proibidos de "agir irresponsavelmente".* Parecia que as vítimas estavam sob suspeita e sendo controladas por todos os lados.

Após a assembléia, a viúva de Zhang Guiyu, Wei Surong, desabou na cama aos soluços. Parecia que seu marido morrera para nada, e não havia instância para apelar por justiça. Ela foi inclusive impedida de mencionar o medonho acontecimento. Ela chorava porque os caminhos do mundo pareciam muito obscuros e inescrutáveis, e sentia que estava perto de enlouquecer.

Em 7 de maio, quase três meses passados da tragédia, um jornal sediado na capital provincial publicou uma matéria na segunda página sob o título: "Temperamento de líder de aldeia explode; quatro aldeões perdem suas vidas". O artigo foi publicado bem quando o procurador da cidade de Bengbu, que estava na jurisdição do condado, estava para transferir o caso para a corte municipal, para julgamento público. O texto foi engenhosamente escrito para manipular a opinião pública quanto à natureza do incidente, insinuando que fora causado por um descontrole dos temperamentos, e não por vingança contra os auditores da aldeia.

Começava com uma descrição cuidadosamente construída do cenário: "O subchefe da aldeia ficou ofendido pela linguagem extremista dos aldeões; com a ajuda de seus filhos, ele entrou numa briga com aqueles, culminando o incidente em quatro mortes."

O leitor facilmente chegaria à conclusão de que a linguagem usada pelos aldeões havia ofendido primeiro, o que teria levado à explosão de raiva do chefe, que acabou levando às mortes. Segundo esta versão dos fatos, os aldeões eram desordeiros e os que foram assassinados haviam provocado suas próprias mortes.

Mas um leitor cuidadoso não poderia deixar de notar as discrepâncias entre as linhas: uma vez que houve uma "briga" entre dois

*Os quatro párias (*di fu fan huai*) são o senhorio, o camponês rico, o contra-revolucionário e o mau elemento.

grupos, por que apenas pessoas do lado dos aldeões morreram? E por que este chefe de aldeia queria brigar até a morte com eles? Qual foi exatamente a "linguagem extremista" usada? Quais foram as palavras que enfureceram tanto esta autoridade a ponto de promover um banho de sangue? O artigo não respondia a nenhuma destas questões — talvez não pudesse, ou não ousasse, deixar a verdade vir à tona.

A notícia ignorou completamente a clara realidade: a de que o povo havia exigido seus direitos democráticos e se recusava a suportar a carga financeira excessiva. Estes importantes fatos foram deixados de lado intencionalmente, e nisso espreita uma conspiração. Assim, um conflito que muitos chineses considerariam uma luta de vida e morte entre o bem e o mal, a civilização e a barbárie, o progresso e o retrocesso, foi distorcido para se transformar numa briga de socos na qual alguns rufiões bocas-sujas acabaram mortos, merecidamente mortos.

A aldeia Zhang estava mais uma vez amotinada. Eles desafiaram o diretor do jornal:

— Esta é uma questão de vida e morte! Como você tem coragem de publicar este lixo sem averiguar!

Mas, os editores argumentaram, como poderiam supervisionar cada reportagem que passa por suas mesas? Eles explicaram que tinham seguido os procedimentos apropriados e que a matéria trazia estampado o selo oficial do gabinete do promotor público — o que os desobrigava, como editores, da necessidade de checar os fatos.

A situação era bem clara. Esta atrocidade aconteceu na primavera de 1998 — não, como o caso Ding Zuoming, em 1993. No ínterim, o Comitê Central do Partido expedira uma série de documentos proibindo a exacerbação da carga sobre o campesinato, enumerando as punições a serem aplicadas aos violadores de tais disposições: autoridades do Partido e do governo no distrito seriam punidas se aldeias sob sua jurisdição fossem sobrecarregadas, e o mesmo valia para o nível imediatamente superior: as autoridades do governo e do Partido no condado deveriam apresentar autocríticas por escrito a seus superiores. Quando as autoridades provinciais de Anhui foram informadas destas ríspidas diretrizes, elas adotaram uma regra própria para demonstrar sua determinação em implementá-las: autoridades do Partido e do governo nas cidades e regiões mais relevantes deveriam também apresentar uma autocrítica por escrito a eles, seus superiores.

Os documentos eram oportunos, e a moral que promoviam, indubitavelmente correta. As medidas severas para enquadrar o poder público eram, sem dúvida, genuinamente projetadas para proteger os interesses do campesinato. Mas é possível contar com autocrítica para resolver problemas tão profundos num passe de mágica?

Zhang Guiquan não era só mais um subchefe de aldeia; ele se tornara oficial enquanto ainda era um criminoso condenado em condicional. Tão sério quanto isso, ele não apenas aumentou os impostos sobre o povo, mas também cometeu assassinato. O Comitê Central do Partido baixara normas claras: casos em que a sobrecarga sobre camponeses levassem a uma morte ou a mais de seis reclamações a autoridades superiores deveriam ser relatados ao Comitê Central do Partido. Zhang Guiquan e seus filhos mataram quatro pessoas e feriram uma — atrocidade de deixar o cabelo em pé. Crimes como estes precisavam ser relatados. Mas como?

Nenhuma das lideranças do condado de Guzhen ou de Bengbu queria encarar a situação de forma direta. Elas provavelmente não careciam de escrúpulos, mas os acontecimentos foram tão repentinos, tão pesados, que ficaram sem escolha. A tragédia de Ding Zuoming, que havia abalado o Comitê Central do Partido, ainda estava fresca na memória de todos. O tamanho da responsabilidade que carregavam e do risco que corriam em lidar com o caso estava claro para todo o poder público local. Obviamente, nenhum deles queria ter a responsabilidade de correr qualquer risco. De que outra forma pode se explicar todos os estranhos acontecimentos no decorrer do incidente, e, sobretudo, como explicar que a perda de quatro vidas — mesmo que de meros aldeões — foi encarada com tanta naturalidade?

Evidentemente, os familiares das vítimas não podiam de forma alguma aceitar a situação. Zhang Liang, Wei Surong e diversos outros parentes dos mortos reuniram coragem e mais uma vez foram às autoridades do condado para uma audiência com o líder do Partido. Eles se prostraram de joelhos diante dele, chorando suas mágoas. Quando mencionaram a trágica morte de seus entes queridos durante o exame das finanças da aldeia, o chefe do Partido teve uma explosão:

— Quem disse que isso tem a ver com a auditoria? O condado inteiro está sendo auditado, como assim só o seu pessoal é morto e ninguém mais?

Os familiares ficaram atordoados, sem palavras.

Pela lógica deste líder partidário, a uma jovem que fora estuprada e esperava por justiça poderia ser dito algo como: "O mundo está cheio de belas garotas; como você e apenas você foi estuprada?"

Tal "lógica" era ultrajante.

A captura de Zhang Guiquan e seus filhos de fato facilitou a auditoria das finanças da aldeia, e muitas irregularidades dos oficiais vieram à tona. Sem dúvida, os problemas na aldeia Zhang não se limitavam a Zhang Guiquan: o líder do Partido, o chefe e o contador estavam igualmente envolvidos. Eles temeram e se opuseram ao exame das contas desde o início, mas a auditoria geral fora requerida pelo condado e a comissão auditora da aldeia nomeada e aprovada pelo distrito. Por mais que temessem e odiassem a auditoria, permanecendo inquietos o tempo todo, eles não eram tão idiotas a ponto de promoverem uma matança. Para sorte desses dirigentes, que estavam todos comprometidos em maior ou menor grau, logo foi percebido que, com o passar do tempo, as próprias autoridades do condado e do distrito perderam interesse na auditoria e tentavam de tudo para acobertar os crimes de Zhang e de seus filhos. Nesta atmosfera, as autoridades da aldeia retomaram suas provocações no transcorrer da investigação.

Quando a comissão auditora averiguou que em 1997 os camponeses de Zhang haviam sido sobretaxados em 60 *jin* de grãos por pessoa, o que era obviamente contra a política partidária, levou o caso ao chefe do Partido na aldeia, Zhang Dianfeng. Zhang, de nenhuma forma desconcertado, tirou de letra toda a acusação.

— Sim — disse, em grande estilo —, foi por ordem minha. Eu tive meus motivos para cobrar o extra de 60 *jin* por pessoa. Vocês não precisam se afligir.

A comissão auditora também descobriu que quatro oficiais do quadro da aldeia roubaram 2.600 iuanes da venda de terras e dividiram a soma entre si, e que o chefe do Partido na aldeia, Zhang Dianfeng, tomou 6 mil iuanes da venda para si mesmo. Ele explicou, brandamente:

— Eu sei disso. Isso se chama "compensação por tomar conta".

Quando questionado se eles tinham o direito de ficar com o dinheiro, o chefe do Partido disse, em desafio:

— Eu tinha um objetivo em vista.

Em outra ocasião, a comissão auditora perguntou a outro dirigente:

— A taxa de irrigação de 4 mil iuanes dos nossos campos de arroz foi integralmente paga, então por que 4 mil iuanes da receita da venda foram retidos para esta mesma despesa?

Sem resposta, o homem teve um acesso de raiva, deixando a auditoria num impasse.

Não muito mais tarde, a notícia era de que a investigação das contas na aldeia Zhang estava em sua fase final e de que eles não haviam encontrado nada que incriminasse Zhang Guiquan, o subchefe assassino. Depois disso, ouvia-se que "alguns dos representantes [os que realizavam a auditoria] é que bem podiam acabar atrás das grades". O que foi ainda pior, o quarto filho de Zhang Guiquan ameaçou:

— É muito cedo para pedir trégua, tem que haver mais sangue!

Parecia que um vento maligno estava soprando secretamente através da aldeia, carregando o cheiro de sangue, asfixiando os habitantes.

Zhang Jiayu era um membro do Partido e um homem correto que sempre se envolvera ativamente nos protestos contra os impostos abusivos. Como membro da comissão de auditoria, ele era o único que tinha coragem de levantar questões sem medir palavras. O chefe da aldeia Zhang Guiquan odiava Zhang Jiayu até a medula. No dia dos assassinatos, Zhang Guiquan e seus filhos, depois de matarem quatro, tinham sede de mais sangue, e a primeira pessoa que lhes veio à mente foi Zhang Jiayu. O sexto filho gritou:

— Pois bem, vamos dar um jeito em Zhang Jiayu! Não deixem ninguém de sua família vivo!

Para sorte de Zhang Jiayu, ele não estava em casa. Saíra para relatar as atrocidades cometidas e por isso escapou de ser morto. Mas, até hoje, Zhang Jiayu não teve paz e sente-se ameaçado diariamente, possivelmente perseguido. Às vezes ele vê pessoas de aparência suspeita espreitando do lado de fora de sua casa.

Quanto ao tirano homicida Zhang Guiquan, sua família ainda se mostrava um poder a ser considerado na aldeia. Além disso, Zhang Leyi, o sétimo filho, continuava foragido, e quem sabe quando ele pode voltar a aparecer. Os aldeões, especialmente as famílias das vítimas, não se sentem seguros. A velha mãe dos irmãos mortos estava inconsolável. Em uma tarde ela perdeu dois filhos e teve o neto Pine ferido. Uma família feliz foi destruída. E o pesadelo não tinha terminado. A senhora idosa falou, trêmula e apavorada:

— Ninguém tem coragem de sair à noite. Mesmo no claro, não se vai muito longe. Estamos assustados demais para cuidar dos amendoins, mesmo em plena luz do dia.

A imprensa finalmente chega

O que aconteceu depois está além do imaginável.

Como mencionado, o distrito despachara autoridades para convocar uma assembléia geral na aldeia Zhang a fim de advertir as famílias dos mortos a não "tagarelar". A emissora de TV do condado e os jornais da província se referiram às mortes como "homicídios culposos", resultados de "brigas entre agricultores ignorantes". Evidente que estes pronunciamentos não tinham peso de lei. Mesmo os habitantes da aldeia, que não eram bem versados em assuntos legais, sabiam que a última palavra sobre a questão seria dada pela Procuradoria do Povo e pela Corte Popular. Ainda assim, estranhamente, quando o caso começou a ser elucidado, o aparato legal falhou. A corte local se degenerou em uma representação de interesses locais especiais. Foi nesse ponto que os habitantes da aldeia Zhang ficaram realmente tomados pelo medo e o desespero.

Quando a Corte Intermediária de Bengbu começou a julgar o caso, eles não tiveram a intenção de avisar os familiares das vítimas. Quando estes finalmente ouviram falar da sessão, seus representantes legais não tinham tempo sequer de contratar um advogado.

Zhang Jiayu, o membro do Partido que representava a aldeia, jurou pelos seus 25 anos de filiação partidária que os investigadores da corte jamais haviam sequer colocado os pés na aldeia, quanto mais entrevistado as testemunhas a respeito dos fatos do caso. Ninguém tinha idéia de quais acusações a promotoria apresentara. Os familiares dos mortos e testemunhas apenas ouviram falar que o julgamento estava para começar e correram para o tribunal, mas sua presença foi permitida apenas como espectadores. Ainda pior: os acusados, Zhang Guiquan e seus filhos, sentaram-se na sala do tribunal visivelmente à vontade, cochichando uns com os outros. As famílias das vítimas ficaram a ponto de enlouquecer.

Novamente, durante a leitura das sentenças, os familiares das vítimas não foram formalmente notificados. Quando correram ao tribunal depois de ouvir as notícias, eles souberam que os principais culpados e mentores dos assassinatos, Zhang Guiquan e seu primogênito, Zhang Jiazhi, que matara Zhang Guiyue, haviam recebido a pena de morte. O sexto filho, Zhang Chaowei, e o quinto filho, Zhang Yuliang, que mataram os representantes da aldeia Zhang Guiyu e Zhang Hongchuan, receberam ambos prisão perpétua. A justiça não havia sido feita; obviamente, as condenações tinham a intenção de fazer um dos filhos pagar pelos crimes de todos os outros.

Os familiares das vítimas exigiram ver uma cópia da sentença, mas a corte não liberou o documento. As famílias dos mortos incumbiram seus advogados de solicitar uma cópia da sentença, mas o tribunal manteve sua decisão e recusou-se resolutamente, despejando uma enxurrada de tecnicidades jurídicas.

Zhang Jiayu, formado no colégio de ensino médio do condado, era o mais escolarizado aldeão da comunidade de Zhang. Ele examinou um exemplar oficial do código civil e descobriu que o parágrafo 128 estipulava com todas as letras que "na eventualidade de a vítima ou seu representante legal não estarem satisfeitos com a sentença da corte local, eles têm o direito de, dentro de cinco dias após serem informados da sentença, apelar à Procuradoria do Povo para uma contestação". Conseqüentemente, era flagrante que, de acordo com a lei estatal, a Corte Intermediária de Bengbu não tinha a prerrogativa de se recusar a mostrar uma cópia da sentença às vítimas e seus representantes legais. O tribunal lhes negara um direito legal e isto não poderia ser minimizado e visto como um simples descuido.

Os familiares dos mortos foram então à corte suprema da província de Anhui.

O tribunal de Anhui finalmente determinou que fosse entregue a eles uma cópia — não da condenação dada pela Corte Intermediária de Bengbu, mas das acusações da promotoria, apresentadas como "caso número 21 da vara cível de Bengbu". Quando as famílias das vítimas passaram os olhos nas acusações, elas tiveram o maior choque de suas vidas. Não havia qualquer alusão ao fato de que Zhang Guiyu e seus colegas assassinados eram os representantes encarregados de auditar os livros da aldeia, nenhuma menção de que eles estavam tentando desempenhar seus deveres civis como lhes fora confiado pelas 87 famílias domiciliadas na aldeia Zhang e nenhuma referência de que Zhang Guiquan, o acusado, havia deliberadamente obtido vingança mortal sobre as vítimas por terem investigado as finanças da aldeia, incluindo suas próprias irregularidades. O resumo do caso foi omisso a respeito do verdadeiro motivo da tragédia, que era o fato de que os aldeões estavam sobrecarregados de forma intolerável e exigiam uma inspeção nas finanças da aldeia, razão pela qual os oficiais mataram com o objetivo de evitar uma auditoria e cobrir seu rastro. Não houve qualquer referência de que o instigador da assim chamada briga foi Zhang Jie, filho do contador da aldeia, e de que o sétimo filho de Zhang Guiquan precipitara a situação imprecando contra Zhang Guiyu por tomar parte na auditoria. Em outras palavras, os acontecimentos principais da tragédia foram encobertos. Ao mesmo tempo, as acusações fizeram menção às palavras de protesto proferidas por Wei Surong, a mulher da primeira vítima, Zhang Guiyu, quando os Zhang, pai e filhos, brutalmente invadiram sua casa. Mas a observação de Wei foi colocada como a fonte de toda a violência e tragédia, como a centelha que desencadeou uma contenda de recriminações mútuas. Ademais, as acusações formais não explicavam a presença dos dois filhos de Zhang Guiquan na casa de Wei Surong. Uma vez que nada tinham a ver com a auditoria, o que eles estavam fazendo na companhia de seu pai, e que conta, se é que existia alguma, havia para acertar com a vítima Zhang Guiyu? As acusações foram omissas a respeito da verdadeira razão das assim chamadas "recriminações" mútuas — a saber, a necessidade de auditar as finanças da aldeia.

De acordo com o documento da promotoria, Zhang Guiyu e sua esposa, Wei Surong, foram os primeiros a levantar armas em confronto, e Zhang Guiyu e a outra vítima, Zhang Hongchuan, os primeiros a atacar. Quanto ao primogênito, que matou sem pestanejar, foi escrito que ele sacou sua faca apenas quando viu Zhang Guiyu e Zhang Hongchuan "a ponto de" atacarem seu pai. Tal linguagem imprecisa foi usada do começo ao fim do relatório do caso para turvar as águas e criar confusão sobre o que realmente aconteceu. As fichas do caso defendem que, mais tarde, quando este mesmo primogênito viu Zhang Guiyu montando nas costas de seu sexto irmão, só então ele deu a pancada final que acabou com sua vida. E este sexto filho, supostamente imobilizado por Zhang Guiyu, foi citado como tendo condições de se juntar à briga somente após conseguir se levantar — o texto enfatizava a expressão "conseguir se levantar".

Em uma palavra, segundo o libelo do caso número 21 da Corte Intermediária de Bengbu, foram os representantes da aldeia ou suas famílias que começaram as hostilidades, que primeiro empunharam armas e que primeiro atacaram. O relatório indicava que as vítimas foram assassinadas porque provocaram suas próprias mortes.

A exposição de como o filho de Zhang Guiyu, Pine, foi ferido, era ainda mais risível. De acordo com as informações anotadas, o quinto filho arrancara um porrete das mãos de Zhang Guiyu (que neste momento estava desabado no chão) e com ele desferiu uma pancada em Pine. A questão era que esse único golpe deixara um ferimento de 6,5 centímetros de extensão e quase 7 de profundidade no ombro de Pine, hospitalizando o rapaz por um mês inteiro. A revista *Democracia e Lei* pouco tempo depois estampou a foto do ferimento de Pine, desmentindo a redação do relatório sobre o caso. A Corte Intermediária de Bengbu processou o assassinato como um caso de "lesões corporais infligidas, que resultaram em morte". Isso mudava completamente a natureza do caso, que era essencialmente uma tentativa de homicídio. Infligir lesões corporais refere-se a prejudicar a saúde e o bem-estar de uma pessoa, ao passo que tentar privar alguém da vida, como neste caso, é clara tentativa de homicídio. De fato, as provas forenses são suficientes para mostrar que os perpetradores visaram ao coração e outros órgãos vitais e estavam tomados pelo propósito deliberado de matar. Zhang Hongchuan morreu de "uma única facada no peito, que rompeu a artéria principal do coração, levando a uma fortíssima hemorragia". Zhang Guimao morreu de uma única facada no lado esquerdo das costas, que perfurou o pulmão esquerdo, levando a hemorragia interna. Zhang Guiyu morreu de uma única facada no peito que perfurou coração e pulmão, provocando hemorragia severa; seu irmão, Zhang Guiyue, morreu de uma única facada no lado esquerdo do peito, que perfurou o pulmão esquerdo, provocando sangramento. O filho de Zhang Guiyu, Pine, teve a vida salva porque se inclinou, e a faca, mirada em sua cabeça, acabou atingindo o ombro.

Se matar quatro pessoas em uma questão de minutos é considerado "infligir lesões corporais", o que é preciso fazer para configurar "homicídio"?

Todos que ouviram Zhang Guiquan urrar "Matem! Matem! Doze canalhas querendo verificar meus livros, matem todos!" ficaram chocados perante sua fúria animalesca, ainda que o libelo do caso não tenha incluído, ou não tenha ousado incluir, estas palavras na ficha.

Ironicamente, apesar de a Corte Intermediária de Bengbu não ter julgado Zhang Guiquan por assassinato, ele não agradeceu o favor. Na verdade, quando a sentença foi lida, ele explodiu em ira e jurou que seus filhos enfiariam uma faca no juiz quando fossem soltos! Um instigador e organizador de múltiplas mortes ousou arreganhar seus dentes em um tribunal. Quem pode imaginar o que o promotor e seu subalterno, que assinaram a sentença, acharam dessa performance.

Dois mil anos atrás, na era da Dinastia Han (206 a.C.-220 d.C.), Huan Kuan escreveu em seu tratado *Sobre sal e ferro* que a sociedade não sofre com a carência de leis, mas com a carência de ordens para cumprir as leis. É fatal, ele escreveu, aprovar leis e não cumpri-las.

Freqüentemente nos referimos ao poder de fiscalização da lei como o "quarto poder", depois do Partido, do governo e do exército; a lei é uma força importante para assegurar a justiça social e a eqüidade. Mas, até hoje, em muitos lugares, o que determina a vitória ou o fracasso de uma ação jurídica não são os acertos e os erros do caso, mas antes a condição dos requerentes de ter acesso ao sistema judicial. A lei inviolável e a sua autoridade legalmente constituída não podem ser mantidas, e a independência de um processo legal torna-se meras palavras escritas em papel, se não podemos apelar à lei. De fato, existe outra força operante mais poderosa, criando uma distância entre nossas vidas propriamente ditas e a letra da lei. Para evitar que os camponeses da aldeia Zhang fossem a Pequim contestar casos e apresentar petições às cortes, os funcionários da estação ferroviária do condado de Guzhen interrogavam os camponeses pouco antes de autorizar a compra de uma passagem. Dois camponeses da região de Guzhen que queriam visitar parentes em Pequim e buscar orientação médica por lá tiveram que dar muitas explicações. Somente após provarem, sem qualquer sombra de dúvida, que não eram do distrito de Tangnan e que não estavam indo fazer queixas na capital é que finalmente lhes foi permitido entrar no trem.

Esse tipo de controle era fútil, evidente. Como poderiam todas as atividades na vastidão da China ser controladas por algumas proibições? A seu tempo, notícias da tragédia da aldeia Zhang apareceram e acabaram atraindo a atenção da mídia.

Os primeiros jornalistas que foram a campo para investigar foram os repórteres da sucursal de Anhui da Agência de Notícias Xinhua. Depois dessa pesquisa, Li Renhu e Ge Renjiang escreveram "Fique rico agora: truques simples das autoridades da aldeia Zhang — Um pagamento, dois registros", um artigo sobre a fraude praticada pelos dirigentes da aldeia para esconder a taxação excessiva sobre a população. Ainda que não mencionasse os assassinatos cometidos no local, os fatos apresentados davam respaldo para o entendimento do que acontecera, e a matéria foi reproduzida nos jornais de todo o país. O relato começava com a chegada dos repórteres na aldeia Zhang para entrevistas e descrevia como os aldeões lhes mostravam a artimanha praticada pelos oficiais locais que registravam pagamentos em duas versões diferentes, uma quantia que era minimizada para agradar aos fiscais de seus superiores, e outra, mais alta, a quantia verdadeira, que era a que os camponeses eram obrigados a pagar.

Por exemplo, Zhang Jiayu teve seus pagamentos dos anos 1996 e 1997 registrados em duas versões — em fichas oficiais e em papel comum. Para o ano de 1996, o cartão oficial registrou que, no ano, a família de Zhang Jiayu, composta de cinco pessoas com dois adultos trabalhadores sob contrato de 12,65 *mu* (cerca de 19 acres) de terras aráveis, pagou 6,1% de seu rendimento em taxas, mas na verdade foram pagos 19,8% da renda em taxas e outros encargos, 13,7 pontos percentuais a mais que o registro oficial. Para o ano de 1997, a percentagem oficial de seu rendimento paga em impostos foi de 7%, mas o número real foi de 22,7%, deixando uma diferença de 15,7 pontos percentuais entre os registros verdadeiros e falsos.

Segundo o artigo, a aldeia Zhang e suas regiões afiliadas abrangem 142 domicílios, numa população total de 750 pessoas. Era uma área exclusivamente agrícola situada nas planícies vizinhas ao rio Huai. Tratava-se de uma zona propensa a inundações, com uma população pobre. O repórter visitou diversas residências sem nunca ter visto um móvel ou mobília decente; muitas famílias não tinham sequer condições de ter um aparelho de televisão preto e branco. Mas a maioria das autoridades possuía refrigeradores e TV em cores, e algumas até viviam em mansões de vários andares. Todos os aldeões se queixavam de que os dirigentes enrolavam seus superiores e oprimiam o povo, conferindo a si mesmos prerrogativas e privilégios, e de que não mantinham registros adequados das finanças da aldeia. A fraude de "um pagamento, dois registros" era apenas um item em seu rol de truques sujos.

Seguindo a publicação da reportagem de Li Renhu e Ge Renjiang, uma jornalista do influente *Guia Diário da Indústria e do Comércio* publicou uma matéria com o título "Zhang Guiquan deve responder à lei pela morte de quatro pessoas", não medindo palavras sobre o crime. Esta notícia foi ao cerne do problema, declarando logo nas primeiras linhas: "Ainda cumprindo sentença, este homem se tornou dirigente de aldeia; ele tem algo a esconder e se opôs à auditoria; quatro membros da comissão auditora foram mortos em plena luz do dia."

Em seguida à notícia do *Guia Diário da Indústria e do Comércio*, o jornal *Indústria e Comércio de Wenhui* publicou na primeira página uma notícia com o título: "Uma reportagem verdadeira sobre um grave caso de homicídio no condado de Guzhen". Estas matérias finalmente colocavam os fatos reais da chacina na aldeia Zhang perante o público, vencendo todas as tentativas de abafamento do condado de Guzhen e das autoridades partidárias municipais de Bengbu.

*

Cerca de quatro meses após a tragédia, numa tarde quente do começo do verão, quatro repórteres da Televisão Central da China percorreram o poeirento caminho para a aldeia Zhang, carregando nos ombros seu pesado equipamento. Eles tinham lido a reportagem da Agência de Notícias Xinhua sobre "um pagamento, dois registros", que tivera veiculação nacional, e, em 15 de junho de 1998, decidiram ir conferir por si mesmos. Uma vez na aldeia, começaram a falar com as pessoas casualmente e a tirar fotos de forma aleatória.

Eles entraram na casa de Huang Zhiwei e perguntaram-lhe:

— Qual é sua carga anual de taxas?

Huang obviamente ficou desconfortável, mas depois de uma longa hesitação, mostrou seu cartão de registro oficial de pagamentos e o recibo real de quitação rabiscado em pedaços de papel comum.

— Sim, é uma carga pesada — ele disse.

Os repórteres entrevistaram o honrado representante da aldeia, Zhang Jiayu, que encontraram trabalhando nos campos. Zhang Jiayu deu a eles mais informações sobre a prática dos dirigentes de emitir dois registros para os mesmos pagamentos. Ele foi adiante contando toda a história de como os representantes decidiram examinar os livros da aldeia para provar o desvio de dinheiro público de Zhang Guiquan, e de como Zhang saiu com força máxima junto de seus filhos para matar quatro pessoas. Os repórteres pediram a Zhang Jiayu para indicar o caminho e foram ver os órfãos de Zhang Guimao e Zhang Hongchuan e oferecer condolências.

Finalmente os repórteres pediram a Zhang Jiayu para levá-los à casa do chefe do Partido na aldeia, Zhang Dianfeng, na esperança de entrevistá-lo. Aconteceu de o dirigente do Partido não estar em casa, então os jornalistas decidiram entrevistar sua esposa, Chen Yunxia. Para sua surpresa, Chen foi muito hostil. Primeiro ela bateu a porta na cara dos repórteres. Depois, saiu da casa, trancando a porta, pegou a enxada e seguiu seu caminho para a roça. Os jornalistas não levaram para o lado pessoal. Câmeras em punho, aproveitaram esta rara chance de filmá-la, gravando tudo até que sumisse de vista.

Os repórteres estavam para partir quando viram alguém caminhando em direção à casa, guiando a bicicleta com uma das mãos. Era obviamente Zhang Dianfeng. Eles seguiram seus movimentos à distância. Um grupo de aldeões gritava alguma coisa para ele, e finalmente o homem notou a câmera apontada para si. Provavelmente sentindo que algo estava errado, ele deu meia-volta para fugir. Depois, mudando de idéia, voltou-se novamente e caminhou em direção aos repórteres.

Estes foram até Dianfeng e perguntaram:

— É você o executivo do Partido nesta aldeia?

— Sim.

— Podemos falar com você?

Nesta altura, Zhang Dianfeng havia recuperado a compostura.

— Claro, vamos conversar em minha casa — respondeu prontamente.

Mas na chegada ele encontrou o enorme cadeado pendurado na porta, a chave levada por sua esposa. Zhang estava visivelmente embaraçado.

Os jornalistas decidiram falar com ele ali mesmo e naquele momento.

— Os registros financeiros de sua aldeia estão abertos para consulta pública?

Zhang Dianfeng respondeu, de pronto:

— Claro que os registros estão abertos. Registros diários, súmulas mensais. Os protocolos são afixados para consulta pública ao início de cada mês.

— Afixados? Onde? — quiseram saber os repórteres.

— Em cada uma das três localidades da aldeia.

— Onde exatamente são afixados nestas três localidades? Você os viu?

Zhang Dianfeng hesitou um segundo antes de falar:

— Eu não vi, mas dou ordem para que sejam afixados.

Divertidos, os repórteres bombardearam o dirigente com mais perguntas, enquanto os aldeões, que tinham reunido uma multidão em torno dele, gargalhavam a cada mentira de Zhang Dianfeng. Alguém gritou entre os risos:

— O chefe do Partido está inventando histórias!

Zhang Dianfeng fechou o sorriso e encarou furiosamente o grupo diante dele.

Só então o representante da aldeia, Zhang Jiayu, emergiu da multidão, caminhou até a frente da câmera e disse, em alto e bom som:

— Os registros nunca, jamais, foram publicados na aldeia Zhang!

Zhang Dianfeng se virou para o interlocutor e resmungou:

— Zhang Jiayu! Você se considera um membro do Partido Comunista? Os registros são publicados e você nunca os viu? Você está cumprindo com suas obrigações como membro do Partido?

Obviamente, para Zhang Dianfeng, todo membro do Partido que vale o que come tinha que se alinhar com ele ou ser desqualificado como membro.

A cena inteira foi captada pela câmera.

Naquela mesma noite, ou, mais precisamente, às duas horas da madrugada seguinte, o líder do Partido no distrito de Tangnan telefonou para Zhang Dianfeng, querendo saber detalhes sobre a visita dos repórteres. Com quem eles falaram? Sobre o quê? Alguém disse alguma coisa sobre a auditoria e sobre os representantes da aldeia que foram mortos? E por aí foi o interrogatório. Os líderes locais agiam como se estivessem sitiados por um inimigo mortal.

Dois dias após a visita dos repórteres, o chefe da aldeia, Zhang

Fengchi, foi ao ataque. Este bronco iletrado teve um acesso de cólera e arengou na rádio da aldeia:*

— Alguns sujeitos, membros do Partido Comunista, infiltraram repórteres podres em nossa aldeia, dizendo a eles que tudo aqui é uma colcha de retalhos de mentiras. Eles também levaram alguns repórteres do programa de TV *Questões Essenciais* com sua conversa. Quem se preocupa com suas questões essenciais? A meu ver, algumas pessoas estão dispostas a causar desordem. Pois bem, continuem com esta conduta clandestina. Esperem até eu pegar vocês!

O chefe da aldeia estava gritando com toda a sua força e elevara o volume do amplificador ao nível máximo, de modo que os aldeões sentiram como se seus ouvidos estivessem explodindo. Acordados de forma brutal nas primeiras horas da manhã, não podiam evitar a pergunta: afinal, que espécie de criatura estava governando a aldeia Zhang?

Na noite de 20 de junho, a série televisiva *A estrutura de nossa sociedade* transmitiu um programa sobre como os oficiais da aldeia Zhang exploravam os camponios, colocando a matéria nas manchetes nacionais.

Logo, o *Semanário Sulista* usou todo o espaço de capa para expor os sangrentos crimes na aldeia Zhang, publicando uma longa reportagem de Zhu Qing intitulada “Nada impede pai e quatro filhos de tiranizarem uma aldeia; aldeões tentam auditar livros e são impedidos com morte”. A capa também incluía uma charge em quadrinhos do cartunista Fang Tang. Ele caricaturou líderes locais banqueteando e bebendo à custa do dinheiro público, um desenho mostrando suas mesas abarrotadas com garrafas de vinho, e outro representando-os com cigarros enfiados entre os lábios enquanto

*Em algumas regiões, é procedimento comum cada domicílio familiar ter um alto-falante que jamais pode ser desligado.

caminhavam sobre os corpos dos camponeses curvados em prostração perante eles. O artigo ilustrado pela charge foi escrito por Dang Guoyin, um membro da Academia Chinesa de Ciências Sociais, de Pequim. A indignação de Guoyin saltava da página:

— Temos um governo que assinou a convenção internacional sobre direitos humanos, e, afinal, estamos em uma era civilizada: como poderíamos tolerar uma praga deste porte entre nós?

Ele argumentou:

— É claro que é necessário punir os oficiais que violam as políticas e leis do país, e esta punição provavelmente trará resultados até certo ponto, mas isto é apenas lidar com a superfície do problema. A solução completa é dar condição ao campesinato de prosperar, permitir que eles se organizem e conferir status legal ao seu sindicato, de modo que todos os camponeses se fortaleçam para resistir ao esquema político que opera no interior.

Por esta época, três repórteres da revista *Democracia e Lei* também foram à aldeia Zhang e publicaram sua reportagem na 17ª edição do periódico. O título era direto — "Representantes de aldeia são brutalmente assassinados em tentativa de auditar livros" —, e o texto se revelava muito rico na descrição gráfica e explosiva da denúncia que trazia. Um fato muito curioso revelado pela primeira vez nesta reportagem foi que uma das armas do crime, a faca ensangüentada que fora usada pelo sexto filho de Zhang Guiquan, estava largada em uma gaveta na clínica da aldeia e ficou lá completamente esquecida por todo este tempo. Os repórteres tiraram uma foto da prova do crime e publicaram juntamente com a matéria.

Com a atenção da mídia focada no crime e um sem-número de artigos sendo publicados na imprensa nacional, o caso dos camponeses mortos porque queriam auditar os livros da aldeia não poderia mais ser abafado. Só então as coisas tomaram o rumo certo.

As autoridades do distrito de Tangnan tomaram as medidas para prover o sustento dos dois órfãos de Zhang Hongchuan.

No Festival do Barco do Dragão, que caiu no quinto dia do quinto mês pelo calendário lunar, o governo do condado deu 100 iuanes em indenização, a título de consolo, para cada uma das famílias afligidas.

Além disso, durante a safra seguinte ao Festival do Barco do Dragão, diversos oficiais da administração do condado de Guzhen foram à aldeia e ajudaram as famílias vitimadas na colheita, trabalhando uma longa manhã sem reclamar de cansaço nem tocar em uma gota de água ou em um grão de arroz das famílias. Isto foi uma forma de transmitir a cordialidade e a preocupação do Partido e do governo com elas.

Em 8 de agosto de 1998, a Corte Suprema da província de Anhui emitiu o julgamento final sobre o caso de Zhang Guiquan e seus filhos. A sentença e a lista de acusações pouco diferiam em relação à da Corte Intermediária de Bengbu, e os camponeses da aldeia Zhang não puderam deixar de se decepcionar com a situação do sistema legal chinês.

Mas de um importante detalhe os aldeões tiraram algum conforto: no parágrafo final do indiciamento foi escrito que Zhang Guiquan e seus filhos não tinham base para alegar legítima defesa, que a agressão de Zhang Guiquan e seu filho mais velho, Zhang Jiazhi, seu sexto filho, Zhang Chaowei, e seu quinto filho, Zhang Yuliang, não foi apenas para "infligir lesões corporais", mas que eles tinham cometido atos de violência com o intuito de matar, e que sua alegação de ausência de propósito de matar não tinha mérito e não podia ser considerada. Este era um consolo para os habitantes da aldeia Zhang, que ficaram tão desolados com o crime.

3

RESUMO DA "REVOLTA ANTITAXAS"

Onde o imperador deu adeus a sua concubina

Gaixia, cenário de uma famosa batalha acontecida há mais de 2 mil anos, em 202 a.C., fica no que é hoje o condado de Lingbi, província de Anhui. Foi lá que o rei Han, Liu Bei, e o rei Shu, Xiang Yu, lutaram mortalmente pela supremacia sobre o que mais tarde seria conhecido como o Reino do Meio.* Os 100 mil homens do exército de Xiang Yu foram sitiados na cidade de Gaixia. O rei Liu, com a ajuda de seu assistente, Han Xin, reuniu um exército de 400 mil soldados e cercou as forças de Xiang Yu tão hermeticamente que nem uma gota d'água poderia penetrar, que dirá reforços. Cercados e famintos, os 100 mil soldados de Xiang Yu finalmente perderam a vontade de lutar quando ecos de suas canções nativas emanaram pela muralha da cidade, provocando neles a ilusão de que eram sons de seus companheiros Shu presos pelos inimigos. Na verdade, tratava-se de uma artimanha do rei Han. Este foi o cenário para a tragédia envolvendo a concubina de Xiang Yu, que sacou a espada do amo e se matou, para não atrapalhá-lo em sua desesperada última batalha para romper o cerco e salvar seus homens. Seu ato de lealdade é

*O Reino do Meio (*Zhongguo*) é um antigo nome para a China e até hoje é usado.

recordado há gerações através da história, da arte e de lendas, sendo o melhor exemplo conhecido a ópera clássica de Pequim *O rei dá adeus a sua concubina.*

Desde aquele grave evento histórico, cujo efeito foi a fundação da dinastia Han, os anos passaram, e este pedaço de terra estéril permaneceu estagnado e esquecido, como se o tempo tivesse parado. Mas, ao meio-dia de 5 de outubro de 1997, um dia de sol, o silêncio foi quebrado pelo barulho das rodas de modernos meios de transporte. Um comboio de carros de polícia, sedãs, caminhões e até peças de artilharia seguia pelo condado de Lingbi, reforçado pela ameaçadora presença de uma seleção de autoridades locais do Partido e do governo — numa impressionante exibição de uniformes. Sirenes de polícia abriam caminho para o avanço ruidoso do comboio, levantando nuvens de poeira, enquanto um arsenal de armas cintilava à luz do sol. Tal demonstração de poder, pompa e circunstância era totalmente inédita na história do condado de Lingbi.

Os moradores da região abriam alas apressadamente para o desfile, enquanto olhos assustados perscrutavam das janelas das cabanas, contando o número de veículos — 32 ao todo, levando uma guarnição de duzentos homens.

Do distrito de Fengmiao, o comboio armado fez uma curva para sudoeste e, cerca de 10 quilômetros depois, chegou na aldeia Gao. A polícia armada imediatamente apeou e fechou todas as saídas da aldeia. O chefe do Partido no distrito de Fengmiao, Hou Chaojie, mandou chamar o chefe do Partido na aldeia, Chen Yiwen, e o chefe da aldeia, Gao Xuewen. Com os dois manda-chuvas do Partido comandando a ação, um grupo de seguranças da força pública fortemente armado atacou a zona oeste da aldeia como um lobo. A batalha terminou tão rapidamente quanto começou, e uma retumbante vitória foi declarada em menos de 15 minutos.

Era a pausa para o almoço, e os habitantes de Gao estavam completamente desprevenidos para conflitos de qualquer tipo. As mulheres se ocupavam em cozinhar, enquanto os homens haviam acabado de voltar dos campos. Muitos deles estavam despidos de suas jaquetas e sapatos. Eles ficaram atordoados quando homens da segurança armados se materializaram diante deles, e ninguém pensou em apanhar algum objeto para se defender.

O destacamento inteiramente armado de oficiais e seus homens, subitamente perante uma multidão diversificada de agricultores descalços e totalmente indefesos, foi ele próprio tomado pela surpresa — eles não estavam preparados para esta vitória um tanto anticlimática. Entretanto, os espólios da vitória eram impressionantes: exceto pelo punhado de gente que ainda plantava mudas nos campos de arroz, ou estava no mercado, ou eram trabalhadores migrados trabalhando na cidade, a operação militar fez uma varredura de todos os suspeitos — nenhum conseguiu escapar da malha dos homens da lei.

A população do lado oeste de Gao mal somava uma centena de cabeças; agora, 51 haviam sido presas de uma só vez — ou 52, se contarmos o bebê de 3 anos que foi detido junto com a mãe. O assim chamado "Incidente da aldeia Gao" provocou uma onda de medo para milhões de habitantes das províncias de Anhui e da vizinha Jiangsu.

Quando o "Incidente da aldeia Gao" ocorreu, duas revistas em Hong Kong já estavam publicando reportagens sobre agitação rural generalizada, distúrbios, revoltas e até motins armados no continente sob títulos como "Revolta do campesinato se espalha por diversas províncias" e "Meio milhão de camponeses em quatro províncias lutam por seus direitos". Estas reportagens específicas foram infundadas, mas os problemas que abordavam eram inegáveis. Nossa própria investigação mostrou que o Gabinete Geral do Comitê Central do Partido e do Conselho Estatal editaram diretrizes conjuntas, alertando: "Muitos de nossos líderes locais, partidários e governamentais, não sabem como conduzir a nova situação e os novos problemas que brotam nas áreas rurais hoje em dia. Pelo contrário, recorrem às forças de segurança, polícia e milícias armadas, agravando desta forma a situação."

Embora o "Incidente da aldeia Gao" tenha sido classificado como uma violenta "revolta antitaxas" pelas autoridades locais, na verdade não houve resistência de qualquer espécie. Quando os aldeões ouviram as sirenes e viram chegar o comboio da polícia, eles pensaram que as forças de segurança estavam cumprindo seu papel, vindo para prender o chefe da aldeia Gao Xuewen!

O assim chamado "Incidente da aldeia Gao" foi apenas o último episódio na mentira fabricada por Gao Xuewen. Trata-se de uma longa história.

Para começar do princípio, Gao Xuewen era universalmente odiado no povoado. Desde que se aboletara na posição de chefe de aldeia, o homem caminhava nas nuvens com seu nariz empinado, parecendo ter esquecido até o sobrenome de seus próprios ancestrais. Não importava quantos documentos e ordens oficiais eram passados pelo Comitê Central do Partido para aliviar a carga dos camponeses, a soma de taxas e obrigações na aldeia Gao continuava dependendo da palavra de Gao Xuewen. Tinha-se que pagar exatamente o que ele determinava e nem um centavo a menos. Opor-se a Gao era o mesmo que opor-se ao governo popular, até mesmo ao Partido. Se você tivesse o azar de cair em desgraça com ele, não haveria compunção para qualquer xingamento ou ataque que ele perpetrasse para se vingar. Não bastava para a vítima ser agredida verbal e fisicamente, ela era ainda obrigada a pedir desculpas antes que fosse dada a permissão para que se encerrasse o assunto.

A ação policial de 5 de outubro de 1997 não veio do nada. Foi o desfecho de uma teia de acontecimentos provocados por uma ocorrência menor, quando Gao Xuewen mais uma vez teve a oportunidade de exibir seu poder. Uma das respeitadas anciãs da aldeia, a septuagenária Vovó Gao, arriscou-se a recusar a taxa dupla pelo terreno de sua casa. Gao Xuewen, contrário à educação que seu nome sugere (uma combinação das palavras "estudo" e "letrado"), reagiu como uma besta-fera, revirando a casa, destroçando potes e outros utensílios domésticos e atacando os moradores. Isto foi no dia 4 de outubro. Como sempre, quem correu para fazer acusações foi quem levou a culpa. Gao Xuewen não apenas escapou das reprimendas, mas, através de sua manobra, conseguiu voltar em triunfo já na tarde seguinte, com seguranças e polícia armada a reboque, que começaram a prender pessoas a torto e a direito, deixando toda a aldeia atordoada.

A primeira a ser detida foi Vovó Gao. Não satisfeitos em prendê-la, os policiais levaram toda sua família mais próxima. Ainda não satisfeitos, eles detiveram seus irmãos, que estavam de visita, bem como seu sobrinho, e também seu cunhado da parte do marido. Em suma, a polícia pegou todos que se encontravam na casa, familiares do lado dela e do lado do marido, dez pessoas ao todo, de um grupo familiar de 11 indivíduos. A única deixada para trás foi a nonagenária avó do marido, uma inválida acamada. Vovó Gao estava sendo arrastada para a viatura policial quando perceberam que suas bochechas ainda traziam os hematomas dos safanões dados por Gao Xuewen no dia anterior. Não seria possível mostrar o seu rosto com todas aquelas marcas delatoras, então ela foi empurrada para fora do carro na última hora.

Nesse ínterim, outro interessante interlúdio estava acontecendo.

Na véspera, alguns vizinhos não agüentaram ficar de braços cruzados enquanto a pobre e indefesa velhinha era espancada pelo brutal chefe de aldeia. Foram então ao condado vizinho, Gaoji, e contrataram uma pessoa para fotografar a prova do que havia sido feito com Vovó Gao. Havia um esforço nacional para disseminar informação legal entre os camponeses, e foi isso que lhes possibilitou ter essa idéia. A fotógrafa chegou em 5 de outubro, tirou fotos do rosto machucado de Vovó Gao, e, quando estava prestes a registrar o estado do recinto revirado, Gao Xuewen apareceu com sua gangue. Ao vê-la colhendo provas, o furioso chefe da aldeia não apenas prendeu Vovó Gao, mas capturou também a fotógrafa.

A fotógrafa era viajada e sabia das coisas. Nem de longe impressionada por Gao e seu bando, ela disse, desdenhosamente:

— Cuidado onde pisa. Eu não sou do seu condado!

Um membro do grupo invasor, caixa da tesouraria do distrito, sentiu-se afrontado de forma intolerável pela atitude da mulher. Ele apontou o dedo para ela e jurou:

— Mesmo que você fosse a esposa de Jiang Zemin ou Li Peng, sentiria o gosto do meu poder!*

Todos os presentes estavam pasmos.

— Levem-na! — gritou o tesoureiro com uma voz fulminante.

A mulher mal se dignou a dirigir um olhar ao insolente. Sem se intimidar nem um pouco, ela retrucou em voz baixa:

— Para falar a verdade, eu não tenho a pretensão de ter relações tão elevadas, mas vou lhes dizer: o subchefe do gabinete de segurança de seu condado é um parente meu. Podem checar.

Aquilo deixou as pessoas ainda mais abismadas.

Os seguranças ouviram atentamente. Relutantes em acreditar em sua palavra, acharam igualmente arriscado ignorá-la completamente. Assim, quando a fotógrafa foi levada junto com o resto, a polícia

*Jiang Zemin (nascido em 17 de agosto de 1926) trabalhou como secretário-geral do Partido Comunista da China de 1989 a 2002; como presidente da República Popular de 1993 a 2003; e como presidente da Comissão Militar Central de 1989 a 2004.
Li Peng (nascido em 1928) foi presidente do Comitê Permanente do Congresso Nacional da República Popular da China (RPC) de 1998 a 2003 e o segundo no escalão do Partido Comunista da China, atrás apenas de Jiang Zemin. Trabalhou como premiê do Conselho Estatal entre 1987 e 1998 e, preocupado com a preservação da estabilidade social e política, promoveu uma cautelosa introdução para a reforma econômica chinesa.

armada, bem como os seguranças, contiveram-se — até foram conciliatórios.

Outro episódio secundário durante a captura em massa está relacionado ao ancião Gao Zongpeng, um homem que havia muito percebia os truques dos oficiais da aldeia e pularia em defesa dos fracos e oprimidos imediatamente ao ver um desmando. A liderança da aldeia o considerava um desordeiro típico. Quando Gao Zongpeng viu o grupo do condado e do distrito invadindo a aldeia e prendendo gente a torto e a direito, previsivelmente assumiu o risco de ralhar com as autoridades:

— Seus filhos de tartarugas, não vão tão longe! Vocês querem provocar uma revolta campesina?

Gao Zongpeng já estava na lista negra do chefe de aldeia, então, dando a cara a tapa daquela forma, só tornou as coisas mais fáceis. A gangue do condado e do distrito o deteve e, de quebra, levou seus dois filhos e uma nora junto.

Foi assim que 52 pessoas foram presas: septuagenários e crianças de colo, veteranos de guerra e membros de longa data do Partido, incluindo muitas mulheres — idosas e jovens.

Qualquer um podia ver de imediato que o grupo detido incluía os "indesejáveis" da aldeia Gao: aqueles que tinham ido à autoridade superior para queixar-se de taxas excessivas, aqueles que expressaram suspeitas quanto aos registros financeiros, e outros que tinham diferenças com as autoridades da aldeia. À guisa de dar um jeito em Vovó Gao, as lideranças tentaram se livrar de todo mundo que consideravam uma pedra no sapato.

Uma vez que o ataque foi uma ação conjunta organizada às pressas por forças de diferentes departamentos, nenhum dos quais conhecia bem os aldeões, a demonstração de força dos invasores deixou-lhes com uma massa multifacetada de gente nas mãos. Pegos na rede com Vovó Gao e os agitadores locais estavam forasteiros que tinham ido visitar parentes ou ajudar na colheita, e havia até alguns empresários viajando a negócios. E foi o caos completo, porque estes funcionários da lei vieram de diferentes departamentos, tais como segurança e milícia, e levaram os indivíduos capturados para seus próprios quartéis-generais, separando famílias na demonstração de força. Quando os carros de polícia e outros veículos partiram com seus troféus, o ar foi rasgado por gritos e uivos enquanto pais procuravam filhos e irmãos chamavam irmãs. Os velhos e os doentes, deixados para trás, mais tarde relembraram a cena com horror. Lembrava-lhes o exército de ocupação japonês, comentaram amargamente, exceto que estes vilões não falavam uma língua estrangeira.

Todos os detidos foram interrogados na mesma noite, sendo a única exceção a fotógrafa do condado vizinho. Uma rápida investigação revelou que sua família realmente tinha algum tênue parentesco com um dos muitos subdirigentes do gabinete de segurança do condado, e ela foi liberada discretamente. Quanto aos outros, foram todos forçados a pagar "multa" para serem soltos. No fim, muitos aldeões tiveram que pedir empréstimo a altos juros para comprar sua liberdade e se viram de repente com o peso de algo como 10 mil iuanes de dívida. Alguns estavam completamente arruinados; outros se tornaram trabalhadores migrantes em outras cidades para ganhar a vida.

O sobrinho de Vovó Gao, um jovem de sangue quente, não conseguiu controlar seu temperamento diante da extorsão. Como resultado, levou um chute tão forte nas canelas que ficou manco por um mês e foi obrigado a pagar a "multa" até o último centavo. Quando foi finalmente solto, estava imerso em amargura, privado de todas as suas ilusões juvenis.

Um dia e uma noite na aldeia Gao

Para retomar a cadeia de incidentes que culminou no ataque à aldeia, é preciso investigar o começo de tudo em detalhes. Em 1990, a casa de Vovó Gao foi construída sobre a fundação de uma casa mais antiga, e o lote jamais invadira terras lavráveis. Durante a descoletivização, o trecho fora contabilizado como parte de sua cota de terras para cultivo, e ela era anualmente taxada como todos. Para piorar, havia um "imposto de terreno residencial", de cobrança única, que ela pagara em 1996. Entretanto, em 4 de outubro de 1997, um dia antes do ataque, ela foi mais uma vez requisitada a pagar os 110 iuanes do mesmo imposto. Mais uma vez, o chefe da aldeia, Gao Xuewen, surgiu em sua porta e exigiu o pagamento do imposto de terreno residencial. Vovó perguntou, surpresa:

— Mas eu já não paguei?

O chefe da aldeia, desacostumado a ouvir questionamentos, ordenou:

— Faça o que mando! Pague agora, e pague integralmente. Não tenho tempo para as suas bobagens!

Vovó quis esclarecer o assunto de uma vez por todas.

— Ano passado — ela recordou — paguei 110 iuanes, e você disse que eu estava liberada. Por que está aqui de novo?

Perdendo a paciência, o manda-chuva levantou a voz:

— Pagou? A quem?

Vovó Gao estava há tempos aborrecida com a prática das autoridades da aldeia de fazer um rabisco num pedaço de papel em vez de dar um recibo próprio para os pagamentos. Por isso, ela retorquiu:

— Eu paguei para a estrela da noite. Você deveria saber!

O chefe da aldeia Gao não esperava ser ridicularizado por uma velhinha. Ele deu um passo para trás e olhou a idosa de cima a baixo, como se não acreditasse no que via. Então ele se aproximou da frágil senhora e deu um ultimato:

— Pague, ou aceite as conseqüências.

Tremendo de raiva, Vovó gritou de volta para ele:

— Não mesmo!

Assustado com a força da oposição da velhinha, o chefe de aldeia subiu ainda mais a voz.

— Vou cuidar para que você seja acusada de crime contra o erário!

A barulhenta altercação atraiu diversos aldeões, que tomaram o lado da Vovó, dizendo que o chefe da aldeia não tinha direito de exigir outro pagamento do imposto único sobre o terreno da casa. Gao estava sendo humilhado diante de pessoas que ele considerava inferiores. Ele se voltou ferozmente para a Vovó mais uma vez, e disse:

— Você pagou? Onde está a prova?

Provocada além de seus limites, Vovó Gao foi até o déspota, apontou o dedo e interpelou:

— Como tem coragem...

Antes que ela terminasse a frase, Gao Xuewen girou o braço e deu na velha senhora um ruidoso safanão no rosto. Ela cambaleou, quase perdendo o equilíbrio, e uma grande marca vermelha imediatamente se formou na bochecha, que também começou a inchar.

Chocados, os aldeões se reuniram em volta e começaram a recriminar Gao por bater em uma idosa. O teimoso Gao não recuou um milímetro.

— E daí se bati nela? Vou depredar a casa dela, observem bem!

E imediatamente entrou batendo pé na casa de Vovó como uma besta selvagem, quebrando todos os utensílios domésticos à vista. Tendo dado vazão à sua fúria, o chefe da aldeia foi embora.

A pobre Vovó desmaiou.

Assim terminou o primeiro dos acontecimentos que precederam o incidente da aldeia Gao.

Vendo o chefe da aldeia aparentemente batendo em retirada, todos concordaram que desta vez ele tinha ido longe demais. Eles não ficaram surpresos de ver Zheng Jianmin, subchefe do posto de segurança do distrito de Fengmiao, aparecer por volta de uma da tarde, logo depois da partida do chefe da aldeia. Todos esperavam alegremente para ver como este último seria tratado pela segurança do distrito depois de atacar uma senhora idosa e arruinar sua casa.

Mas, em vez da esperada repreensão a Gao Xuewen, o chefe da segurança Zheng Jianmin foi direto à casa de Vovó Gao, numa viatura, seguido por seus homens. Sem qualquer explicação, ele entrou para prender Vovó e seu filho. Ninguém podia acreditar no que estava vendo. Eles tentaram contar a Zheng o que realmente acontecera pela manhã, advertindo para que não prendesse pessoas inocentes. Mas o chefe da segurança não os ouviu. Ele já tinha ouvido a versão do manda-chuva da aldeia, Gao Xuewen, e não queria ouvir mais nada.

— Quem está prendendo inocentes? — ele perguntou, raivoso.

— Você! — responderam os aldeões.

— Por que não faz uma investigação? — acrescentou um deles.

Não fazia muito tempo, muitos habitantes da aldeia haviam estado na cidade grande como trabalhadores migrantes e tiveram um vislumbre de como as coisas eram conduzidas numa sociedade mais moderna. Era óbvio para eles que Zheng estava violando as regras.

Zheng Jianmin olhou para os agricultores com desdém. Em sua opinião, aquela gente nascera para labutar na terra e não era digna de sua atenção. Naquele momento, um homem que parecia liderar o povo se destacou da multidão. Era Gao Guanghua.

Gao Guanghua confrontou o subchefe de segurança cara a cara:

— Gao Xuewen passou para Vovó uma ordem de pagamento repetida de um imposto sobre terreno de fatura única. Então, desde o começo, ele estava errado. Depois ele bateu nela, o que é um segundo delito. Ainda por cima, ele quebrou a casa, o que constitui um terceiro delito. Se vocês, que são oficiais da segurança, ainda conseguem acreditar na história dele, como é que nós, pessoas comuns, podemos confiar em vocês para nossa proteção?

Ditas na frente de todos, as palavras de Gao Guanghua tiveram o poder de humilhar o oficial de segurança. Com um áspero grito, ele ordenou a seus homens:

— Levem-no!

Gao Guanghua resistiu aos guardas de Zheng, aos berros:

— Que direito você tem de me prender?

Zheng respondeu:

— Você está obstruindo o cumprimento do meu dever.

Os policiais subjugaram Gao Guanghua e jogaram-no dentro da viatura.

Por ora, o povo estava completamente revoltado. Eles cercaram Zheng e o acusaram de abusar de sua autoridade. Zheng, acossado, sacou a arma.

— O que vocês estão tentando fazer? — perguntava histericamente.

Ele apontava a arma, ora para um, ora para outro camponês.

Neste ponto, um encanecido homem chamado Gao Zongpeng, que observava a cena silenciosamente à distância, adiantou-se e confrontou Zheng.

— Lembre-se, seu trabalho é ser a força de segurança do povo. E agora, sem qualquer espécie de averiguação, sem dar chance às pessoas de dizerem uma palavra, você ameaça a nós, aldeões, com uma arma. Você é um perfeito fora-da-lei!

O velho botou o rosto defronte ao revólver de Zheng e escarneceu:

— Atire, se tem coragem. Mire aqui! Podemos ser lixo para os seus olhos, mas não temos medo de morrer!

Zheng Jianmin hesitou, e a pressão do homem continuou:

— Se isto é obstruir trabalho oficial, então estamos todos obstruindo seu trabalho. Vá em frente e prenda todo mundo! Pode matar todos nós?! Quem tem medo dessa sua arma?!

Os populares a esta hora estavam unidos para enfrentar Zheng e sua arma, dizendo:

— Atire! Vá em frente e atire se você tiver coragem!

Diante da fúria da multidão, a mão de Zheng começou a tremer e finalmente ele colocou o revólver no coldre, não antes de dirigir ao encanecido senhor um olhar penetrante, como para gravar sua imagem e lembrar de acertar as contas depois. Durante a briga, outros tinham tratado de resgatar Gao Guanghua de dentro da viatura.

Com ar inexpressivo, Zheng pulou para dentro do veículo sem dizer palavra. Batendo a porta com força, ele acelerou, deixando atrás de si um rastro de poeira e fumaça.

O público em frente à casa de Vovó Gao se dispersou, rindo de como o subchefe de segurança do distrito de Fengmiao fugira como um covarde.

Assim terminou o segundo episódio da série de acontecimentos que levou ao incidente da aldeia Gao.

O velho Gao Zongpeng não compartilhava da mesma confiança dos aldeões quanto a terem acuado o chefe da segurança. Ele dizia a si mesmo:

— Aquela corja não vai desistir tão fácil. Como poderiam suportar serem derrotados por matutos como nós? Eles estão empenhados em achar uma desculpa para voltar numa grande revanche.

Ele estava certo. O segundo episódio foi o prenúncio do terceiro.

Exatamente como Zongpeng temia, o chefe Zheng Jianmin retornou ao posto de segurança de Fengmiao e contou aos outros oficiais o que acontecera. Ele inventou sua própria versão, aumentando e distorcendo pontos. O chefe de segurança Ma Li e o diretor político Zhu, da segurança do distrito de Fengmiao, eram ambos homens de reputação no lugar. Para eles, era absurdo que os matutos pudessem levar a melhor sobre um dos seus. Eles prontamente foram até os chefes administrativo e partidário do distrito, acrescentando seus próprios adornos mentirosos à história de Zheng.

O que se seguiu foi o que Gao Zongpeng havia previsto. Na tarde de 4 de outubro, o mesmo dia dos acontecimentos na casa de Vovó Gao, dois furgões apareceram de repente na aldeia, e um grupo de homens emergiu. Entre eles estava o chefe de segurança Ma Li, o diretor político Zhu Xianmin, dois subchefes, respectivamente do Partido no distrito e administrativo, bem como alguns oficiais dos escritórios distritais de finanças, comércio e tributação.

Esta súcia de oficiais veio do distrito de Fengmiao, distante mais de 8 quilômetros, e já estava anoitecendo. Os aldeões que os viram chegando perguntaram-se por que eles estavam lá e como tomariam providências antes de seu retorno a Fengmiao, já que logo estaria escuro.

O povo da aldeia era ingênuo o bastante para ter fé na possibilidade de que aquela trupe estivesse lá para tratar das indignidades acontecidas mais cedo naquele dia: o ataque de Gao Xuewen a Vovó Gao pela manhã e a ameaça armada de Zheng contra populares à tarde.

Contudo, isto não parecia provável. Os aldeões seguiram os oficiais cautelosamente com os olhos e viram-nos observando aqui e ali, de vez em quando apontando isso ou aquilo, mas nunca falando com ninguém, jamais perguntando nada, muito menos fazendo qualquer coisa para tratar das afrontas ocorridas no dia. Logo começaram os preparativos para partir. Todos estavam completamente confusos e se perguntavam uns aos outros:

— Para que estão aqui?

Alguns reuniram coragem para abordar os oficiais e dizer que o chefe da aldeia, Gao Xuewen, atacara uma velhinha sem qualquer motivo naquela mesma manhã, arrasando sua casa, e "poderiam os honrados cavalheiros por obséquio dar um jeito nisso?". Mas nenhum dos oficiais distritais se dignou a olhar para eles, muito menos dar uma resposta, enquanto se preparavam para subir nos furgões.

Os camponeses que haviam visto algo da vida urbana sabiam que os pretensos líderes do distrito, e mesmo aqueles do condado, eram café pequeno na hierarquia oficial, o que o povo chamaria "oficiais do baixo clero". Estavam muito aborrecidos pelos ares altivos e todo-poderosos que estes pomposos e mesquinhos burocratas de distrito se davam. Alguns murmuraram que este bando de "serviçais públicos" eram absolutos sanguessugas, incapazes de levantar um dedo em favor do povo que, no final das contas, pagava seu salário. Outros foram mais longe. Eles caminharam até os furgões para dizer:

— Não podemos impedi-los nem de ir nem de ficar, mas a menos que tratem do problema de Gao Xuewen, que agride pessoas e destrói lares, os furgões devem ficar.

Um dos oficiais perguntou furiosamente:

— O que você quer dizer?

Um dos aldeões respondeu:

— Se vocês se forem sem deixar rastro, onde vamos procurar por justiça neste caso?

Para a surpresa de todos, um dos líderes distritais perdeu a paciência. Levantando a mão direita como se sinalizasse uma saraivada em um duelo de vida e morte, ele disse, no tom de um herói trágico:

— Ninguém vai embora!

Os aldeões não estavam nem de longe impressionados. Eles pensaram para si mesmos: "Como esta gente se ofende fácil. Eles viajam de carro para cima e para baixo, passam os dias sentados em seus quartéis-generais olhando relatórios e não podem suportar um sopro de vida real."

Nenhum dos outros oficiais levantou qualquer objeção à ordem de permanecer, ainda que ninguém tivesse a menor idéia de por que o estavam fazendo, e nem de como e onde iriam passar a noite. Eles caminharam na direção da casa da sra. Gao Xuehua, presidente do comitê feminino da aldeia. Sua casa ficava a somente alguns passos de onde os furgões estavam estacionados.

Como se fosse a coisa mais natural do mundo, a sra. Gao, vendo o grupo se aproximar, botou a mesa e dispôs cadeiras, fez chá e deixou um baralho na mesa. Enquanto alguns homens sentavam e jogavam, a sra. Gao preparava algo na cozinha. Logo, era como se estivessem em uma festa, os homens bebericando chá, outros mastigando sementes de melão e espalmando cartas na mesa. Outros cochilavam, ou estavam apenas entediados. A sra. Gao não demorou a servir uma fornada de panquecas crocantes para serem comidas com sopa de broto de feijão. Alguém fez surgir um pacote de macarrão instantâneo, e a ceia de improviso estava pronta.

É de conhecimento comum que comer e beber faz parte da rotina diária nos horários de serviço destes servidores públicos. Comer e beber se tornou uma área de conhecimento que envolve estudos profundos nos quais estas pessoas se especializaram. Assim, era compreensível que eles achassem as panquecas e a sopa da sra. Gao inadequadas aos seus sofisticados padrões. Desta forma, logo em seguida o chão estava coalhado com panquecas comidas pela metade e restos de sopa com macarrão. Durante a maior parte da noite, muitos locais permaneceram do lado de fora da residência, assistindo ao espetáculo e impressionando-se com o vergonhoso desperdício de comida. Ainda que estivessem na base da pirâmide social, eles eram livres para rir do acontecido, e naquela noite o povo se divertiu difamando aquela corja de sanguessugas. Mas ninguém podia entender por que estes servidores públicos decidiram passar a noite lá, em vez de no conforto de suas próprias casas.

Só o velho Gao Zongpeng estava inquieto. Revirando-se na cama, ele não conseguia entender o que estava acontecendo, mas sabia que alguma coisa suspeita estava no ar. Sim, os aldeões tinham instigado os oficiais a ficar, mas ainda era muito estranho que eles ficassem para o pernoite. Ocorreu a Gao Zongpeng que era bem possível que estes oficiais pudessem agora alegar que tinham sido raptados.

O dia seguinte, 5 de outubro de 1997, amanheceu com o sol

resplandecendo em toda sua glória, iluminando com raios dourados os telhados das casas na aldeia Gao. Ninguém, exceto Gao Zongpeng, imaginava que desastroso dia seria para a comunidade, um desastre que deixaria uma enorme sombra.

Ninguém sabia o que os oficiais haviam feito aquela noite na casa da sra. Gao. Na manhã seguinte, Zhu Xianmin, o diretor político da segurança do distrito de Fengmiao, saiu cedo da casa. Os furgões estavam estacionados ali perto, mas Zhu preferiu voltar ao distrito de trator. Quem dirigia a máquina era o filho do chefe da aldeia Gao.

Nenhum dos aldeões estava ciente de que Zhu Xianmin havia secretamente saído da aldeia, tampouco alguém poderia conceber até onde ia chegar a conspiração. Quem ia imaginar que Zhu correria de volta a Fengmiao para fazer um relato falso ao chefe partidário do distrito, Hou Chaojie, e que Hou iria a um escalão superior, ao comitê do Partido no condado de Lingbi, e que os chefes comunistas de Lingbi, por sua vez, iriam ainda mais alto no escalão para informar a oficiais da prefeitura de Suxian? Após os acontecimentos do dia seguinte, não havia quem pudesse segurar esta proliferação de relatórios. Sua existência e conteúdo permaneceram segredos bem guardados até que, no final das contas, foram a causa da ascensão e queda destes oficiais.

Mas a cadeia de relatórios não foi de fato o último elo na série de acontecimentos que culminaram na invasão armada e coordenada da aldeia, ao meio-dia de 5 de outubro de 1997.

O velho encanecido e o jovem corado

Após a violenta repressão da inexistente "revolta armada antitaxas", apresentada oficialmente pelas autoridades como "O incidente da aldeia Gao", o velho Gao Zongpeng desapareceu. Descobriu-se que ele tinha sido levado pelas forças de segurança. Após a soltura, ele se tornou outro homem, recluso, nunca dizendo uma só palavra. Alguns falaram que ele adoecera. Outros, que estava embalando sua raiva e que tinha jurado levar justiça a todos os culpados pelo ocorrido. Ele sumiu da aldeia para viver uma vida de mendigo, catando no lixo. Os rumores diziam que estava juntando cada centavo que podia para viajar a Pequim.

Quando Gao Zongpeng finalmente voltou, ele já tinha feito a viagem à capital. Ele disse que fora ao gabinete de apelações e petições do Conselho Estatal, onde acusou os oficiais do condado e do distrito de deturparem os fatos relativos ao incidente em Gao. A visita a Pequim foi esclarecedora para Gao Zongpeng. Ele soube que não era o único que estava se queixando da corrupção das lideranças locais e da carga tributária excessiva sobre os camponeses. Do condado de Lingbi, muitos tentaram viajar a Pequim, mas tal jornada era uma tarefa realmente perigosa. Um aldeão de um lugarejo perto do condado de Huigou só conseguiu chegar até o distrito seguinte, antes que seus planos fossem descobertos, e então foi parado e obrigado a descer do trem. A corte do condado teve dificuldades em condená-lo por qualquer crime, e então ele foi mandado para três anos em um reformatório com trabalhos forçados. E houve Yin Guimei, também do condado de Lingbi, que foi sozinha a Pequim em busca de justiça.

Gao Zongpeng foi encorajado pelo exemplo destes camaradas. Ele e Yin foram elegantemente atendidos pelos representantes do condado de Lingbi, que tinham sido chamados a Pequim para ouvir suas queixas. Enquanto estavam lá, os representantes do condado eram só promessas e sorrisos, mas, uma vez fora do perímetro da capital e dentro da jurisdição do condado de Lingbi, estas criaturas mudaram de tom. Gao e Yin foram imediatamente encarcerados por 15 dias.

Gao Zongpeng não desistiu e jurou ir à capital mais uma vez. E, de novo, aconteceu basicamente a mesma coisa. Quando voltou para o interior depois de seu segundo revés, ele era uma sombra de sua antiga pessoa, sua saúde completamente aniquilada pelas duas árduas viagens. Ele temia jamais conseguir ir novamente a Pequim para informar aos líderes sobre os fatos do incidente em Gao. Ele passava seus dias na cama, fixando no teto os olhos inexpressivos, balançando a cabeça em desespero e meditando em silêncio.

Um dia, inesperadamente, a porta da casa do velho foi aberta e entrou um jovem alto e de faces coradas. Era Zhang Jidong, largamente conhecido na área como um rapaz destemido que sempre lutara em favor dos desvalidos. Ele era também um dos mais escolarizados entre os camponeses. Zhang fora aprovado no departamento de veterinária da Escola de Medicina de Anhui, no campus do condado de Fengyang, mas logo seus estudos foram interrompidos pela Revolução Cultural e a própria faculdade se desfez em meio ao caos. Zhang se formou em um curso técnico de "escola profissionalizante" e foi mandado de volta à comuna de onde veio. Primeiro trabalhou como veterinário no distrito de Fengmiao, porém mais adiante começou a trabalhar para uma franquia de comida. O negócio era mal administrado e os trabalhadores não eram pagos. Finalmente, em 1988, Zhang desistiu de procurar emprego e voltou ao campo para trabalhar como agricultor. Ele se radicou na aldeia Dongliu, no condado de Lingbi.

Zhang Jidong logo ficaria conhecido como um especialista em fazer petições e apelos para a cúpula da liderança. Ele tinha talento com as palavras. Como estudante, Zhang escrevera contos e ensaios e chegara até a montar uma peça. De volta ao seu condado natal, ele de novo militava entre os ativistas camponeses alfabetizados. Alguns anos antes, ele escrevera um relatório de 100 mil palavras baseado em sua investigação das condições relativas à excessiva carga sobre os camponeses e à hostilidade entre eles e as autoridades em Dongliu. Ele postou o relatório no correio para o comitê permanente da Conferência Consultiva Popular em Pequim e ficou muito agradavelmente surpreso quando seu trabalho foi publicado em um dos boletins do órgão. Mas a decepção também foi grande, pois seu relatório não deu em nada e as coisas iam de mal a pior.

Por exemplo, havia pouco Zhang Jidong vira com seus próprios olhos Wang Heping, um funcionário do gabinete distrital de assuntos públicos, correndo pela rua em dia de feira de arma em punho, em perseguição a um agricultor que se recusara a pagar o exorbitante imposto per capita. Quando mais tarde Zhang o questionou por seu comportamento abusivo, Wang retrucou:

— Posso prender qualquer um. Eu não preciso de um mandado. Eu sou formado na faculdade de Direito.

Zhang disse:

— Ninguém está acima da lei.

Wang zombou:

— Você acredita mesmo nestas merdas que vê na TV e lê nos jornais sobre o governo da lei? Não seja louco. Talvez nos Estados Unidos uma autoridade local possa processar o presidente; mas isso é na América, não na China. Deixe-me dizer a você, aqui é a China, governada por homens, e eu governo você.

Zhang Jidong estava chocado que homens com tais convicções fossem nomeados oficiais.

O presidente do Congresso Popular local (um cargo honorário), o sr. Li Changzhou, estando presente, ouviu a discussão e ficou do lado de Wang. Li disse a Zhang:

— Agora ouça-me, Zhang. Você pode concordar ou discordar, mas Wang está colocando as coisas como elas são. Isto é a China. Vamos supor que você matou um homem: você certamente pagaria por isso com sua vida. Mas, por exemplo, se eu matasse um homem, eu morreria por isso? Não tenha tanta certeza. Caia na real. Livre-se de sua mente bitolada. Digo isso porque você é amigo de um parente meu. Se não fosse, eu não me importaria.

Zhang Jidong ficou perplexo. Ele sabia que o que aquele senhor estava falando era verdade, mas era inaceitável. Foi nestas circunstâncias que ele ouviu a história de Gao Zongpeng e de suas infrutíferas jornadas a Pequim em busca de justiça.

Zhang Jidong e Gao Zongpeng simpatizaram um com o outro imediatamente quando se conheceram. Eles discutiram todos os detalhes do incidente na aldeia Gao — a aflição da pobre senhora, conhecida apenas pelo sobrenome do marido e que nunca tinha tido sequer um nome próprio, e a crueldade do chefe de aldeia Gao Xuewen. Eles não conseguiam entender como os acontecimentos na aldeia puderam ter sido interpretados como uma violenta "revolta antitaxas". Nem podiam imaginar como Zheng Jianmin, o subchefe de segurança do distrito de Fengmiao, baseando-se apenas na distorcida versão de Gao Xuewen sobre sua visita à velhinha, tivesse sido capaz de promover prisões em massa e ameaçar os detidos com uma arma. Eles se esforçaram para compreender como um numeroso grupo de oficiais distritais haviam tido coragem de encenar um ataque de grandes proporções sobre uma pobre aldeia — como o experiente Gao Zongpeng conjeturou —, forjando um dos mais graves casos de erro judicial na história do condado de Lingbi. O caso pesou muito no coração dos dois homens. Zhang sentia que, se os fatos verdadeiros não fossem divulgados, a mesma história poderia se repetir em sua própria aldeia, ou em qualquer outra. Vendo como seu idoso camarada quase arruinara a própria saúde em seus esforços na busca por justiça, Zhang Jidong se sentiu impelido a assumir sua causa.

As notícias da visita de Zhang a Gao Zongpeng rapidamente se espalharam, e as autoridades distritais ficaram alarmadas. O chefe do Partido no distrito, Hou Chaojie, e Zhang Qiwu, o chefe encarregado da administração distrital, visitaram a aldeia Dongliu, e Hou Chaojie foi direto ao assunto, avisando Zhang:

— Você tem que saber que a operação em Gao foi aprovada previamente pela prefeitura e informada às autoridades provinciais.

Zhang não fora informado do fato, mas não tinha dúvida de que ouvira os rumores. Obviamente, os capachos do Partido estavam usando a aprovação de seus superiores para encobrir as pistas. O detalhe era, como a aprovação fora obtida? As autoridades do distrito, do condado, da prefeitura e até provinciais tinham recebido relatórios com informações falsas. E agora, com as conseqüências do incidente, estas autoridades locais estavam tentando esvaziar as críticas por antecipação, alegando a "pré-aprovação" de seus superiores.

O chefe distrital do Partido, Hou Chaojie, terminou com um aviso a Zhang Jidong:

— Não ouse interferir no caso da aldeia Gao. Nem mesmo pense em ir fazer queixas aos figurões.

A angústia que se entrevia por trás da última recomendação de Hou permitiu a Zhang Jidong perceber seu blefe. Entendendo que eles estavam com medo de ser denunciados às autoridades centrais, ele retrucou:

— Uma vez que a ação foi aprovada formalmente pela prefeitura e teve a anuência da liderança provincial, obviamente ela está correta. Então por que você está tão nervoso? Parece até que alguma coisa suspeita está acontecendo...

Hou Chaojie o interrompeu rudemente:

— Você está agindo contra o governo local. Se persistir, acabará complicando-se bastante. Não diga que não foi avisado.

Então Hou Chaojie percebeu que de nada adiantava ameaçar Zhang Jidong, e mudou de tom:

— Não atraia para si os disparos, meu amigo. Agora pense, você levantou reclamações a respeito de coisas na aldeia Dongliu, seus escritos foram publicados no boletim do Congresso Nacional do Povo. Tanto o governo provincial quanto o central solicitaram investigações à luz de suas queixas, e o condado abriu um caso especial, conduzindo uma investigação que durou um mês. E em que deu todo este espalhafato? Alguém foi punido no final? Não. E agora você está agitando de novo em nome do povo da aldeia Gao. Digamos, para fins de argumento, que desta vez você ganhe e que todos nós — da prefeitura ao condado, passando pelo distrito — percamos nossos empregos. Como isto lhe beneficiaria? Você seria convidado a se sentar em nossas cadeiras? Acho que não.

Finalmente, em tom de exortação amistosa, Hou Chaojie disse:

— Você deveria dar uma olhada nos documentos do 9º Congresso do Partido. Estude ele bem...

Zhang Jidong estava totalmente confuso. Por que cargas-d'água Hou trouxera de volta este acontecimento? O 9º Congresso do Partido acontecera em 1969 — não foi parte e parcela da Revolução Cultural?* Ele estava, obviamente, falando do alto de sua posição.

Quando Hou partiu, Zhang cuidadosamente revisou em sua mente toda a série de acontecimentos envolvidos no incidente da aldeia e se deu conta de que questionar novamente o que realmente acontecera, e por que, trazia certos riscos. Finalmente, ficou claro para ele que trazer a público os fatos do incidente em Gao significaria transformar-se em um inimigo do governo local. Mas o que ele não podia entender era: o governo local não deveria estar de acordo com o governo central? Uma vez que está estabelecido que o Conselho Estatal governa pela legalidade, não deveriam a prefeitura, o condado, o distrito e a aldeia governar seus territórios legalmente também? Concluindo isto, Zhang Jidong tomou uma dolorosa decisão: arriscar o próprio pescoço. E assim, para ir a fundo no incidente da aldeia Gao, ele começou silenciosamente a conduzir uma investigação particular.

*O 9º Congresso Nacional do Partido Comunista Chinês foi realizado em Pequim, de 1º a 24 de abril, em 1969. Ele é considerado um legitimador das teorias e práticas da Revolução Cultural (1966-76); até a presente data não houve nenhum documento do Partido julgando as conclusões do 9º Congresso.

É possível mentir para todo mundo o tempo todo?

O que já era de se esperar finalmente aconteceu.

Zhang Jidong estava em casa um dia, na aldeia Dongliu, sentado à toa com alguns amigos, quando diversos membros da segurança distrital de Fengmiao, uniformizados e ostentando quepes de policiais, irromperam gritando:

— Quem de vocês é Zhang Jidong?!

A chegada destes oficiais não cheirou bem para ele, mas, como eles não o reconheceram, Zhang respondeu com sangue-frio:

— Ele não está, quer deixar algum recado?

Seus companheiros imediatamente entenderam e entraram na manobra de Zhang, dizendo:

— Por favor, entrem. Sentem-se. Fiquem à vontade. Zhang Jidong foi à capital do condado. Vocês querem esperar ou deixar conosco o seu recado?

Os seguranças olharam em volta e disseram:

— Está bem, quando voltar, digam-lhe para comparecer na segurança distrital.

Depois foram embora, sem suspeitar de nada. Zhang Jidong se divertiu com a farsa, mas viu que o chefe do Partido Hou Chaojie estava começando a agir e percebeu que não podia mais ficar em Dongliu.

Zhang foi para o condado de Si, onde trabalhou como operário migrante, enquanto tentava combinar coerentemente os fatos do incidente em Gao.

O manda-chuva Hou Chaojie não desistiria de sua vingativa caça a Zhang. Era 26 de dezembro, uma gelada noite de inverno em meados do 11° mês pelo calendário lunar, quando o chefe da segurança distrital, Ma Li, e seu ajudante derrubaram a chutes a porta da casa de Zhang em Dongliu, invadindo a residência. Sem mostrar qualquer mandado oficial e sem uma palavra de explicação, eles arrancaram da cama o filho adolescente de Zhang, Cinquinho. Após socos e chutes, empurraram o garoto porta afora, sem calçado ou agasalho, e fizeram-no marchar em campo aberto até chegarem à sede da segurança do distrito de Huigou. Quando finalmente estavam sentados e prontos para começar o interrogatório, Cinquinho tirita de frio, incapaz de falar. Ma Li esperava saber do garoto se seu pai, Zhang Jidong, estava em conluio com Gao Zongpeng para investigar a fundo o incidente da aldeia Gao e ver a justiça ser feita.

O "interrogatório" começou com Ma Li agarrando a cabeça do garoto e batendo-a contra a parede. Depois, o chefe da segurança distrital alvejou sua boca com um bastão elétrico, até que o menino sentiu que sua cabeça estava a ponto de explodir. Então Cinquinho foi obrigado a fazer flexões de braço no concreto gelado enquanto os dois interrogadores se revezavam pisando em seus tornozelos. Isto foi apenas o começo. Depois, Ma Li tentou um método inventado por ele mesmo — usou seus dois polegares para pressionar os pontos acupunturais de cada lado dos olhos de Cinquinho, o que reduziu o garoto a animalescos gritos de dor. Uma seqüência de golpes de artes marciais no peito, reforçados por ressonantes tapas no rosto, encerraram a primeira fase do interrogatório.

Então Cinquinho foi obrigado a responder à pergunta:

— Batemos em você?

Ele era apenas um jovem ingênuo, não sabia ao certo como agir diante das circunstâncias. Sem coragem de mentir, ele começou a dizer:

— Vocês me bateram...

O punho de Ma Li desceu sobre ele e ele foi espancado até começar a soluçar, dizendo:

— Vocês não me bateram...

Não satisfeito, Ma Li estapeou o garoto ordenando:

— Mais alto!

Finalmente entendendo o que queriam dele, Cinquinho gritou:

— Vocês não me bateram!

Tendo amaciado a vítima satisfatoriamente, Ma Li, vendo que já passava bastante da meia-noite, chegou ao verdadeiro assunto. Disse a Cinquinho:

— Já que nós não batemos em você nem o machucamos de nenhuma forma, sejamos amigos. Conte-nos a verdade. Seu pai ainda está ligado ao velho Gao Zongpeng? Ele está ajudando Gao a escrever cartas de denúncia?

Só então o rapaz compreendeu que, como cães preocupados com ossos, eles ainda estavam mastigando o incidente da aldeia Gao — ainda temiam que os detalhes da ocorrência viessem à tona de uma maneira ou de outra. Sequer tinham coragem de interrogar em seu próprio território, preferindo esgueirar-se para um distrito vizinho a fim de conduzir um interrogatório sub-reptício.

Cinquinho ficou pensando: "O incidente da aldeia Gao aconteceu em plena luz do dia e foi visto por centenas de testemunhas. Como ameaças e prisões podem calar a boca do povo?"

O menino não conseguiu achar uma resposta para a pergunta: é possível mentir para todo mundo o tempo todo?

4

A LONGA ESTRADA

Uma gelada acolhida

1° de outubro é o Dia Nacional — é quando se comemora a fundação da República Popular da China. 1° de outubro de 1994 foi o 45° aniversário deste glorioso acontecimento, mas, para Wang Junbin, natural da província de Anhui e escondido na vizinha Henan, não era um dia de festa. Seu coração estava gelado até o âmago. Tinha seu lar a um pulo de distância, mas não podia cruzar de volta a fronteira. Havia uma recompensa por sua captura.

Dois meses antes, em 30 de julho, o gabinete de segurança pública do condado de Linquan, província de Anhui, distribuíra uma nota pública advertindo a Wang Junbin e seus "comparsas" que se entregassem. Mesmo que seu nome tivesse sido incorretamente grafado na advertência, Wang sabia que, com a distribuição deste documento público, era impossível para ele tentar se defender. Voltar ao condado de Linquan seria o mesmo que mergulhar em uma rede estendida para pegá-lo. Para piorar, logo em seguida à advertência pública o comitê do condado de Linquan anunciara a decisão de expulsá-lo do Partido.

Sua contravenção, Wang Junbin pensou consigo, fora rogar à liderança que implementasse uma política própria para aliviar a carga tributária excessiva dos agricultores. Não fazia sentido que ele fosse agora chutado do Partido. Wang nunca imaginara que as coisas pudessem chegar a este ponto. Não bastava que os camponeses fossem oprimidos pela pobreza, ainda pior era a pressão psicológica a que estavam submetidos. Tinham tanto para dizer, informar ao mundo, mas não havia canal para que se expressassem — eles não tinham voz. Não era surpresa que, em muitos lugares, os camponeses — que supostamente tinham se "posto de pé" com a liberação comunista — agora caíssem de joelhos em súplica por justiça. Outros, lançando mão da antiga prática desesperada de "interromper a carruagem oficial com risco de morte", jogavam-se defronte aos carros dos oficiais do Partido, que supostamente deveriam "estimá-los como sua própria descendência".

Wang Junbin tinha apenas seis anos em 1976, quando terminou a Revolução Cultural, e, portanto, cresceu em uma atmosfera na qual o discurso era principalmente sobre reforma e abertura, democracia e legalidade. Aos 18 anos, respondeu à convocação do Partido e se alistou no exército, onde acabou se filiando ao Partido. Ele se tornou um jovem simultaneamente imbuído do espírito de servir ao povo e da plena consciência de seus próprios direitos individuais. Wang Junbin nunca se prostraria de joelhos diante de ninguém, nem tentaria parar um carro oficial para ter sua atenção. Fosse lá o que tivesse perdido, ele sempre teria seus direitos democráticos — ou pelo menos assim pensava.

Ele decidiu apelar contra a advertência pública colocada em circulação pelo comitê do Partido no condado, mas não sabia para onde dirigir este apelo. Ele estava ciente de que uma organização partidária normalmente contrata um procurador legal para os processos. Quando preencheu o formulário, no espaço reservado para "o acusado", Wang Junbin não teve dúvida e escreveu o nome do secretário do Partido no condado de Linquan, Zhang Xide. Ele sentiu que tinha que degradar o nome de Zhang Xide porque este homem tinha desempenhado um decisivo e vergonhoso papel na repressão severa do que ficou conhecido como o "incidente do distrito de Baimiao", em 2 de abril de 1993. O incidente não foi um acontecimento único, mas uma série de disputas na aldeia Wang, distrito de Baimiao, que no fim das contas levou Wang a ter seu nome na lista dos procurados. Isso reforçou a determinação do ex-militar para a briga.

O condado de Linquan fica na jurisdição da prefeitura de Fuyang, proverbialmente conhecida como a "Sibéria da província de Anhui" pela esterilidade de seu solo. Situada entre dois afluentes do rio Yangtze, a área é repetidamente assolada por inundações e penúria. Ainda não conhece o progresso, apesar do trabalho árduo de seu povo. A minúscula planície do condado de Linquan comporta quase 2 milhões de pessoas, e o condado é largamente conhecido como o mais populoso do país. A escassez do solo e a carência de transporte fazem da população também de longe a mais pobre. Wang Junbin nasceu em Baimiao, o mais pobre dos distritos do condado de Linquan.

No inverno de 2001, mais de sete anos depois dos fatos mencionados no começo desta narrativa, rumamos para Baimiao. Enquanto estávamos a caminho, a pobreza total que víamos era absolutamente revoltante. Não havia empreendimentos locais ou negócios, e os campos estavam uniformemente plantados com repolhos e cebolinha, os pilares principais do sustento dos camponeses. Na época de nossa visita, uma rodovia tinha sido pavimentada levando direto à província vizinha. Pilhas enormes de repolhos e cebolinha se enfileiravam nas margens da estrada, esperando ser levadas por negociantes de verduras para o comércio da cidade. Ficamos estarrecidos com os preços. A 8 iuanes o dólar e 100 *fen* cada iuane, um *jin* (pouco mais de meio quilo) de cebolinha era vendido por 3 *fen* — menos de um centavo de dólar. Uma carroçada de cebolinha fresca saía por 2 ou 3 iuanes, ou cerca de 31 centavos. A cotação dos repolhos era ligeiramente melhor, a 10 *fen* por *jin*. No entanto, a população não tinha condições de comer suas próprias hortaliças. Na aldeia, vimos um homem nos seus trinta anos agachado na porta de casa, comendo uma tigela inteira de arroz sem nenhum acompanhamento. Perguntamos a ele por que não cozinhava um pouco do seu próprio repolho para comer com o arroz. Sua resposta nos partiu o coração:

— Se eu usasse um *jin* de repolho, não me faltariam 10 *fen*?

Se o distrito era pobre assim em 2001, era duro imaginar como deveria ser mais de sete anos antes, em 1993, quando o incidente de Baimiao aconteceu. Disseram-nos que, naquele tempo, a renda anual per capita dos agricultores era de 274 iuanes, ou 80 *fen* por dia. Mesmo assim, apesar da abjeta miséria, impostos e ordens de pagamento se amontoavam vindos das esferas administrativas do condado, do distrito e da aldeia. Os camponeses estavam reduzidos à condição do provérbio: "fervendo de raiva, mas com medo de falar".

O incidente do distrito de Baimiao se iniciou por causa de uma demonstração de tirania do chefe do Partido na aldeia Wang no outono de 1993. Wang Junbin tinha um amigo, Wang Hongchao, que, sendo um astuto jovem, percebeu que era impossível ganhar a vida apenas com a lavoura e então se associou a seu sogro, vendendo veneno para ratos na região. A dupla conseguia uma renda tolerável para os padrões locais. Um dia, justo quando o jovem Wang Hongchao estava fora a trabalho, o chefe do Partido na aldeia, Gao Jianjun, liderando uma suposta tropa de choque de cobrança de impostos, foi à sua casa exigir um pagamento de 6 iuanes para obras na estrutura da escola.

Não havia nada de errado com a escola naquela época, e a mãe de Wang não tinha 6 iuanes à mão. Ela disse a Gao:

— Meu filho não está em casa. Apareça qualquer outro dia.

Mal tinham saído as palavras de sua boca e o manda-chuva e sua gangue já saíam de repente levando embora o aparelho de TV da família. A mãe de Wang, completamente horrorizada, podia apenas gaguejar:

— Como pode fazer isso? Como?

As duas famílias eram ligeiramente aparentadas e a idosa senhora nunca imaginara que Gao pudesse prejudicar seus parentes daquele jeito. Mas Gao, totalmente impassível, foi embora com a televisão.

Wang Hongchao ficou furioso quando soube do acontecido. Ele decidiu que alguma coisa deveria ser feita a respeito dessa taxação ilegal e extorsiva acontecendo na aldeia. Ele encontrou seu amigo, o veterano do exército Wang Junbin, e um amigo dos dois, Wang Xiangdong. Os três jovens comentaram a situação e decidiram que a coisa mais sensata a se fazer era recorrer ao distrito para um simples parecer oficial sobre o caso. Eles não estariam fazendo nada de errado, avaliaram, em ir ao nível seguinte da liderança partidária. Era seu direito legal, supuseram.

Então os três garotos da aldeia Wang foram ao centro do distrito e procuraram o chefe distrital do Partido, Han Chunsheng. Era um dia que para sempre lembrariam — 28 de outubro de 1993. Foi o dia em que este trio teve pela primeira vez uma boa dose de embromação burocrática, gelando até a espinha com o que testemunharam. Han deixou claro que não faria nada por eles.

Sabendo que tinha o respaldo de seu superior no nível distrital, o chefe do Partido na aldeia, Gao Jianjun, ficou ainda mais insolente. Quando teve conhecimento de que Wang Hongchao e seus amigos tinham ido ao distrito acusá-lo de afanar uma TV, Gao voltou de imediato à casa de Wang e saiu de lá com sua bicicleta. Mas o roubo de uma televisão e de uma bicicleta pelo não pagamento de um imposto indevido de 6 iuanes ia além do que os longamente maltratados camponeses da aldeia Wang poderiam suportar, e então eles decidiram dar um basta. Apresentaram-se um por um aos jovens para mostrar sólidos indícios de incontáveis casos de pagamentos através de coação, coletas de "fundos de reserva da aldeia", multas irregulares e outras fraudes oficiais.

Em nossa visita à aldeia, tivemos a chance de inspecionar três cópias de tais provas. Em uma duplicata do "cartão de impostos e pagamentos do camponês", estampado com um selo do governo, vimos traços claros de mudança nos valores registrados para a quantidade de terra arrendada. Os números cresciam imperceptivelmente e, claro, os impostos cresciam na mesma proporção. Na contabilidade que mostrava a extorsão para os "fundos de reserva da aldeia" e os "pagamentos combinados com o distrito", as alterações eram ainda mais desconcertantes. Por exemplo, ao todo havia 14 itens para estas duas categorias, mas o que cada um deles representava nunca era explicado. No meio de toda esta confusão, uma coisa estava clara: um cartão registrava o que os agricultores eram forçados a pagar e o outro um valor mais baixo, em benefício dos inspetores. Basicamente, havia um esquema de caixa dois.

Munidos destas sólidas provas de taxação excessiva e contabilidade ilegal, os três amigos Wang Junbin, Wang Hongchao e Wang Xiangdong resolveram recorrer às altas autoridades. Tendo já sentido o gosto da gelada acolhida no distrito, decidiram subir um escalão — ao condado de Linquan.

Eles ficaram escandalizados ao ter uma recepção igualmente fria no condado. Pretendiam reunir-se com o secretário do Partido de Linquan em pessoa, o mais alto representante do Partido em todo o condado. Um homem que nunca toleraria infrações à política do Partido no nível mais básico, acreditavam os três jovens.

— Queremos falar com o camarada Zhang Xide — anunciaram calmamente ao recepcionista.

O homem atrás do balcão lançou um olhar em suas direções. Vendo três camponeses rústicos, ele perguntou, visivelmente aborrecido:

— Vocês sabem quem estão procurando?

— Claro. O secretário do Partido no condado!

— E vocês, quem seriam?

— Somos da aldeia Wang, distrito de Baimiao.

O homem disse com desprezo:

— Acham que o secretário quer receber gente como vocês? Vão ao distrito municipal para tratar das questões de sua aldeia.

— Já fomos. Mas a municipalidade não se importou.

— Eles não se importaram, então vocês vêm a nós? Imaginem se todo mundo fizesse como vocês, correndo ao condado para resolver com o secretário do Partido todas as suas questõezinhas insignificantes? Como vocês acham que ele poderia levar adiante seu trabalho?

Os jovens ficaram pasmos.

Dos três, Wang Xiangdong era o que tinha pavio mais curto.

— O distrito não está nem aí — disse. — Se não acionarmos os líderes do condado, a quem podemos recorrer?

O homem do guichê levantou-se, abriu bem os braços e começou a enxotá-los:

— Fora. Fora. Fora. Estamos ocupados aqui!

Wang Hongchao, que estivera quieto em seu canto, tranqüilamente anunciou:

— Estamos requisitando à liderança do Partido no condado que implemente a política do Partido Central de alívio da carga tributária excessiva sobre os agricultores.

— Então vá e trate com quem quer que se recuse a aliviar sua carga! — foi a réplica.

— Nós definitivamente precisamos falar com o camarada Zhang Xide — repetiu Wang Hongchao, firme.

— A resposta é não!

— Por que não?

— Eu disse não e é não!

Não havia margem para negociação.

Ainda sem se dar por vencido, Wang Hongchao diz:

— É esta sua atitude em relação ao povo?

— Desapareça daqui — desdenhou o outro — ou será pior para você.

Quando os três jovens saíram do prédio do Comitê do Partido, suas expressões eram de pura estupefação. Sua maior crença tinha sido dolorosamente esmagada em seus corações. Quando retornaram e contaram sua história, os aldeões resolveram que três pessoas não faziam volume suficiente para atrair a atenção da liderança. Se aparecessem trezentos, em uma dúzia de caminhões e tratores, seria diferente. Logo, um comboio de campônios estava ribombando na capital do condado. Mas esta manifestação de massa apenas agravou a situação. A liderança do condado considerou o ato como formação de bando para instaurar a baderna.

Depois destas rejeições, os camponeses decidiram que seu problema de sobretaxa não poderia ser resolvido em Linquan. Sobraram três opções: recorrer a autoridades na prefeitura, apelar a lideranças provinciais ou ir a Pequim. Os aldeões tinham suas dúvidas a respeito das duas primeiras opções. Os oficiais nestas diversas esferas regionais estavam ligados em uma malha de relacionamentos tão entrelaçada que era inevitável o acobertamento mútuo. Os jornais e os programas de rádio e TV estavam todos cheios de histórias de acusações e apelos dos camponeses a oficiais de altas patentes sendo retransmitidos de superior a inferior, fileira por fileira, até terminarem bem nas mãos dos alvos originais das queixas.

O povo de Wang deliberava, hesitante. Acabaram concluindo que a única solução exeqüível era ir diretamente a Pequim, apelar ao

Comitê Central do Partido e peticionar ao governo central. Afinal, as centrais do Partido e do governo tinham baixado as novas políticas sobre redução da carga dos agricultores. Os aldeões avaliaram que só as mais altas esferas do poder se importavam com eles.

É claro que os habitantes da aldeia sabiam que fazer petições ao centro e ir diretamente aos superiores imediatos envolvia certos riscos. Levar problemas da aldeia e do distrito à Central do Partido era, com efeito, o mesmo que fazer acusações contra os líderes do condado. Poderia até ser interpretado como uma tentativa de difamação, equivalente a dizer que a liderança do condado não estava fazendo o seu trabalho. Os aldeões estavam bem certos de que o secretário do Partido no condado não deixaria nada barato.

Este Zhang Xide era realmente uma celebridade. Era freqüentemente visto na TV local fazendo discursos, suas mãos gesticulando no ar para enfatizar um argumento. Seus pronunciamentos eram evidentemente redigidos por seu assessor. No minuto em que ele terminava a encenação, gracejos vulgares e obscenidades bárbaras predominavam. Certa vez, quando falava sobre a aplicação da política do filho-único, ele ergueu o punho cerrado e declarou: "Prefiro sete covas a um nascimento extra", obviamente se referindo a mulheres vitimadas por abortos malfeitos. Esta tenebrosa frase de Zhang Xide foi sussurrada por toda parte, gelando o sangue de quem quer que a ouvisse.

Ir a Pequim significava ser contra Zhang Xide. Quem queria correr este risco? — pensavam os aldeões. Quem seria capaz de assumir tamanha responsabilidade? Todos olharam para o ex-militar Wang Junbin, o mascate Wang Hongchao e o inteligente Wang Xiangdong, as únicas três pessoas da aldeia jovens e instruídas.

Um toque de calor: a primeira viagem a Pequim

Quase dois meses depois da primeira tentativa do trio de amigos de tratar com autoridades sobre a cobrança de 6 iuanes por reformas na escola e da remoção violenta da TV e da bicicleta de Wang Hongchao no outono de 1993, os três amigos aprontaram sua partida para Pequim, levando de forma segura as provas escritas da sobretaxa em seus bolsos.

Quando Wang Junbin e seus amigos desembarcaram e viram que estavam realmente na plataforma da estação de trem de Pequim, foram tomados pela emoção. Eles sentiam como se estivessem sendo carregados no colo de suas mães. Não podiam evitar o desejo de visitar a Praça da Paz Celestial, a Grande Muralha do Povo e os muros vermelhos de Zhongnanhai, a sede do Comitê Central do Partido, entre outros emblemas do Estado comunista. Mas eles não podiam se deixar perder por suas vontades pessoais. A aldeia se sacrificara para juntar o dinheiro de sua viagem e eles tinham que começar imediatamente a tratar do assunto que lhes fora confiado. Eles se informaram sobre o caminho para os gabinetes de petições e apelos do Comitê Central e do Conselho Estatal (cada um mantinha um escritório próprio).

Ao contrário de suas expectativas, as coisas foram bem tranqüilas na recepção. A resposta para sua petição foi tão imediata e favorável que os três ficaram bem agitados. Os camaradas ouviram sua lista de queixas e prometeram escrever diretamente às unidades provinciais de Anhui envolvidas, requerendo investigação e uma solução satisfatória para o problema. Fazia um frio cruel em Pequim, o vento cortava os ossos como uma adaga, mas o grupo se sentia pleno com o calor da acolhida.

Wang Hongchao sugeriu que, uma vez que estavam lá, procurassem todos os órgãos governamentais competentes para tirar da viagem o máximo que podiam em favor dos aldeões. Assim, o trio de amigos se informou do caminho para o Ministério da Agricultura.

No Ministério da Agricultura, eles se sentiram perfeitamente em casa e revelaram seu caso. Os camaradas ouviram atentamente, olharam os documentos e inequivocamente determinaram que os oficiais do distrito de Baimiao e da aldeia Wang estavam na ilegalidade. Sem ninguém pedir, escreveram uma carta de apoio, que pediram que Wang e seus amigos levassem ao comitê agrícola de Anhui. O documento era um formulário impresso com espaço em branco para observações gerais. Mas, neste caso, os camaradas escreveram os detalhes do caso e incluíram uma admoestação: "Este tipo de extorsão configura uma expressa transgressão das políticas estabelecidas do governo e do Partido concernindo ao alívio das cargas excessivas sobre os camponeses (...)." Ao final da carta, em lugar do perfunctório "Esperando que cuidem da questão" etc., a carta acrescentava: "Agora encaminhamos os cidadãos aos senhores; por favor, certifiquem-se de considerar o assunto e tratar dele conscienciosamente."

Os camaradas no Ministério da Agricultura acompanharam Wang Junbin e seus companheiros até o portão. Antes de dizer adeus, um dos funcionários disse, num suspiro:

— A liderança emite resolução sobre resolução o tempo todo, mas na base os oficiais são totalmente incontroláveis.

Tal preocupação soou sincera e acalentou os corações dos três inocentes camponeses.

Em Pequim não havia nuvens ou vento, mas o lancinante frio cravava seus dentes na pele sem piedade. À medida que o trem se dirigia para o sul, a temperatura crescia sensivelmente. Mas para Wang Junbin e seus amigos, quanto mais se aproximavam de casa, mais gelados se sentiam. Depois de sua primeira visita a Pequim, eles se viam mais e mais alienados de sua terra nativa. À medida que chegavam, ficavam de fato crispados pelo medo.

Por outro lado, enquanto deixavam a capital, a animação dos três homens diante da favorável recepção tingia-se de amargura, anuviando seu bom humor. Eles percebiam que, por melhor que fosse Pequim, ela não pertencia a eles e eles não pertenciam a ela. Eram estranhos lá. Estavam ligados à aldeia Wang, distrito de Baimiao, condado de Linquan. Seus destinos estavam nas mãos das insignificantes criaturas da aldeia ou do distrito. Não importa quão longe viajassem, estas mãos ainda davam as cartas.

Passado o rio Amarelo (Huang He), os três estavam em silêncio, cada qual perdido em seus próprios pensamentos. Eles foram toda a noite acordados pelos barulhos da ferrovia e sequer fecharam os olhos. Ao raiar do dia, estavam exaustos e com sono, mas o trem parou e foram obrigados a saltar em Hefei, a capital da província.

Lá, seguiram as instruções do Ministério da Agricultura e rumaram imediatamente ao gabinete da "comissão de alívio da carga tributária dos camponeses". Os camaradas do órgão escutaram cuidadosamente as queixas dos três Wangs, perceberam que tinham um caso e imediatamente escreveram uma carta a seus subordinados, um escalão abaixo — o gabinete de alívio da carga tributária dos camponeses do condado de Linquan. O oficial não mediu palavras: "Recebemos camponeses do distrito de Baimiao, de seu condado, encaminhados a nós pelo Ministério da Agricultura. De acordo com os registros que mostraram, há um grave problema de taxação excessiva. Segundo nossas informações, os três peticionários têm repetidamente apelado à sua liderança, sem resultados, e o descontentamento popular é geral. Nós presentemente retransmitimos a posição do Ministério da Agricultura, como exposto em carta anexa juntamente a outro material relacionado. Esperamos que vossas senhorias mandem de pronto seu pessoal para realizar uma investigação completa e tratar do assunto apropriadamente. Se os camponeses têm sido indevidamente taxados, é imperativo oferecer uma compensação. Por favor, encaminhem um relatório sobre a condução do caso..."

Para prevenir qualquer mal-entendido, a carta foi selada com o brasão oficial. Antes de se despedir dos camponeses, os camaradas lhes deram uma cópia de um panfleto com uma lista de diversas políticas partidárias sobre o alívio da carga dos camponeses, que eles mesmos haviam compilado. Quando os três jovens deixaram o prédio, olharam com gratidão para a construção decadente que abrigava o gabinete provincial de alívio da carga dos agricultores. Durante a parada em Hefei, os jovens também procuraram o comitê disciplinar da organização partidária de Anhui. Lá, foi-lhes igualmente assegurado que examinariam o assunto.

Depois de voltarem para casa, Wang Junbin, Wang Hongchao e Wang Xiangdong mais uma vez foram ao escritório do comitê do Partido em Linquan. Eles levaram as cartas, uma delas emitida pelo Ministério da Agricultura, e a outra pelo gabinete provincial de alívio da carga dos agricultores de Anhui. Desta vez, os funcionários da repartição não os enxotaram.

Era óbvio que já tinham recebido comunicados diretamente de Pequim. Era possível supor com segurança que o secretário do Partido no condado, Zhang Xide, estava naquele momento bem avisado de que os camponeses da aldeia Wang haviam se deslocado a Pequim para fazer acusações contra ele. Ele saiu de sua sala com o rosto torcido em sorrisos, imediatamente sentando-se para escrever uma nota, dirigida ao comitê do Partido e à administração do distrito de Baimiao. Dizia ela: "Camponeses da aldeia Wang se queixaram a autoridades superiores exigindo a devolução de dinheiro pago além do valor obrigatório para as reservas. Por favor, resolvam isso apropriadamente e da forma mais rápida possível, devolvendo integralmente o montante devido."

Os três pegaram o papel e olharam atentamente. Era um rabisco escrito de qualquer jeito e demorou algum tempo para que entendessem o que dizia. Quando conseguiram decifrar a caligrafia, a maneira como as palavras foram colocadas os deixou perplexos. Como definir "valor obrigatório para as reservas"? Por que não lidar com a questão oficialmente, como haviam feito os camaradas nos níveis federal e provincial? Por que não salientar a gravidade da questão? Como avaliar o fato de que os camponeses apelaram repetidamente ao distrito e ao condado, onde foram repelidos? Apesar destas perguntas sem resposta, era realmente um bilhete escrito à mão pelo secretário do Partido em pessoa, prometendo devolver os pagamentos abusivos extorquidos deles. Os três meses entre o outono de 1993, quando os jovens decidiram apelar a Pequim, e aquele momento, quando seguravam a nota de Zhang Xide em suas mãos, não haviam passado inutilmente. Os camponeses da aldeia Wang estavam cheios de alegria.

Pode-se imaginar a confusão de sentimentos dos oficiais da aldeia e do distrito quando receberam o bilhete do manda-chuva Zhang Xide. Ao mandar a nota através dos três representantes do campesinato, Zhang censurava os oficiais por terem-no decepcionado e trazido problemas para sua cabeça. Por outro lado, avaliaram que não era nada além de um bilhetinho rabiscado em um pedaço de papel. Lendo de novo, a colocação das palavras — tais como "camponeses... se queixaram..." — denotava o rancor do próprio Zhang Xide. Além disso, a exortação final, "Por favor, resolvam isso apropriadamente", dava no mesmo que dizer-lhes que estava lavando suas mãos quanto ao assunto.

A despeito de quaisquer insinuações que o bilhete pudesse ocultar, os oficiais do distrito de Baimiao tinham que fazer alguns gestos pela solução do problema da carga excessiva dos camponeses. Sob supervisão do comitê disciplinar do condado, um grupo de investigação, que incluía representantes campesinos, foi reunido e começou a trabalhar no distrito e na aldeia. Os problemas eram tão evidentes que não levou mais que um exame inicial para encontrar um excedente de 11 mil iuanes extorquido para os "fundos de reserva da aldeia" no ano de 1993. Na auditoria da contabilidade da aldeia Wang, os representantes depararam com montanhas de ordens de pagamento indevidas, bem como saques do fundo de reserva da aldeia e de outras verbas públicas sem prestação de contas. Às vezes, os montantes dos saques em contas com dinheiro do contribuinte do distrito e da aldeia eram embolados em um só. Os saques do ano de 1993 somaram 47.650 iuanes, mas o registro era de 33.760,46 iuanes. Onde teriam ido parar os 13.883,54 iuanes da diferença? Os camponeses estavam furiosos com a bagunça das finanças da aldeia. Neste ínterim, dois meses se passaram desde que o secretário Zhang Xide escrevera seu bilhete, mas os oficiais só haviam feito pagamentos simbólicos aos aldeões.

Além do mais, coisas estranhas estavam acontecendo e eram bem perturbadoras. Primeiro de tudo, Wang Junbin, que sempre trabalhara para o escritório de controle da terra no distrito, foi repentinamente destituído. Depois disso, seus amigos Wang Hongchao e Wang Xiangdong receberam uma convocação do gabinete administrativo do distrito. No minuto em que entraram no anexo do prédio, cada um levou uma surra dos carrascos que estavam à espera.

Na primavera de 1994, os camponeses da aldeia Wang se encontravam em uma situação na qual pequenas somas do reembolso pela taxação excessiva eram meramente decorativas. Enquanto isso, eles eram forçados a agüentar todo o peso da retaliação por terem feito as acusações e tentado receber reembolsos. Alguma coisa precisava ser feita. Em desespero, a aldeia Wang mais uma vez se reuniu, uma multidão de trezentas pessoas, e foi à sede do condado exigir ressarcimento usando como garantia a carta do próprio Zhang Xide.

Dando este passo os camponeses mais uma vez demonstraram sua ignorância — ou quiçá ingenuidade —, se esperavam que um oficial mantivesse sua palavra. Zhang Xide teve um acesso de cólera assim que viu a aglomeração. Sem uma palavra sobre o bilhete que prometia indenização, ele anunciou:

— Vão em frente e promovam a baderna. Não levantarei um dedo para resolver seus problemas!

Os camponeses questionaram:

— É este o espírito das políticas do Partido?

Isto provocou ainda mais Zhang, que gritou:

— Bem, vão a Pequim, se puderem!

Mas eles já tinham ido a Pequim. Agora, julgaram os camponeses, era obrigação do condado implementar as políticas vindas direto de Pequim, especialmente por haver cartas de instruções a respeito do caso. Por que ir a Pequim de novo? Era a vez do chefe do Partido no condado agir.

Mas Zhang tinha perdido completamente a compostura.

— Façam logo sua arruaça — berrou. — Quanto mais caos, melhor! Esperem até eu pegar vocês!

Perdidos, os camponeses se voltaram para o comitê disciplinar do Partido no condado, a entidade que havia mandado grupos investigativos próprios e descobrira muitas irregularidades nos "fundos de reserva da aldeia". Ao ouvir as queixas dos camponeses, o chefe do comitê disciplinar agora dava de ombros.

— Eu dei ordens de restituírem as cobranças excessivas. Mas eles simplesmente não obedecem. O que querem que eu faça?

O chefe do Partido no condado não implementaria a política, e o comitê disciplinar não podia, ou não iria, forçar o chefe do condado a agir.

As coisas novamente estavam em um impasse. Enquanto os aldeões se desarvoravam de raiva, Wang Junbin, Wang Hongchao e Wang Xiangdong decidiram que precisavam levar a amarga disputa até o fim. Para eles, a questão era pura e simplesmente implementar a política do Partido e baixar os impostos dos agricultores. Eles nunca imaginaram que as coisas pudessem ser distorcidas pelos chefes do condado para se enquadrarem em sua própria agenda política.

Após o infrutífero apelo a Zhang Xide, de volta à aldeia as coisas tomaram um rumo desfavorável para os camponeses. Wang Hongchao tomou conhecimento de uma surpreendente novidade. Ele tinha um parente, Shi Canzhou, que era o diretor político do posto de segurança do distrito de Baimiao. Shi o chamou em particular um dia e disse:

— Não se envolva em mais nenhuma acusação aos superiores. Estão planejando prisões. Fique atento.

Era 13 de março de 1994, aproximadamente dois meses depois de Zhang Xide ter escrito seu bilhete. Wang Hongchao se abalou com o aviso de Shi. Rapidamente correu para contar a novidade a seus colegas Wang Junbin e Wang Xiangdong, e logo toda a aldeia estava em alerta. O terror tomou conta de todos. Eles organizaram uma ronda noturna, e Wang Hongchao até conseguiu se apropriar do aparelho de rádio da aldeia e escondê-lo em sua casa, de modo que pudesse alertar os outros se alguma coisa acontecesse. Os aldeões se sentiam preparados para o pior, mas mesmo assim se chocaram com a rapidez com que o pior aconteceu.

Acima o firmamento e além o imperador

Era 2 de abril de 1994 e já passava das 23h — nada demais para uma cidade, mas tarde para o povo do vilarejo Wang, que já estava enrolado em seus sacos de campanha, dormindo profundamente. Na calada da noite, um furgão chegou ao lugar na surdina, estacionando no limite oeste da aldeia. Cinco homens desceram. Mais tarde se descobriu que eles eram do posto de segurança do distrito de Baimiao: Shi Canzhou, o oficial de segurança que deu o aviso; dois policiais, Wang e Zhang; e dois mercenários, Wang e Liu. Eles se infiltraram na aldeia silenciosamente. Mas o homem que estava na patrulha noturna viu sua aproximação e os seguiu sem ser percebido. Ele viu os cinco homens bisbilhotando pelas casas daqueles que tinham se arriscado a fazer petições, e mesmo empurrando as portas para ver se estavam firmes. O patrulheiro correu até a casa de Wang Hongchao, bradando:

— Há estranhos na aldeia!

A cunhada de Wang Hongchao por acaso estava lá, de visita. Tendo sono leve, ela pulou da cama, correu para o cômodo onde estava o equipamento de rádio, ligou e berrou a plenos pulmões:

— Ladrão! Ladrão! Boa vizinhança, para a rua com seus rastelos, para a rua com suas varas! Não os deixem escapar!

No silêncio da noite, a convocação se ouviu com clareza por todo o vilarejo. Homens, mulheres e crianças foram alertados.

A comoção súbita assustou os intrusos. Agora que tinham sido descobertos, os dois sujeitos da segurança ficaram assustados e fugiram. Os dois mercenários eram especialmente odiados pelos aldeões: se dos policiais podia-se dizer que estavam de alguma forma fazendo seu trabalho, estes irregulares eram considerados apenas colaboradores descarados e venais e seriam implacavelmente surrados se apanhados. O diretor político Shi Canzhou, vendo-se exposto, deu meia-volta e saiu tropeçando para longe na escuridão, deixando o furgão para trás. Os dois policiais, Wang e Zhang, e o motorista não fugiram rápido o bastante, viram-se separados no breu e foram pegos pelos aldeões.

Eles foram interrogados isoladamente:

— De onde você é? O que está fazendo aqui?

Um policial falou:

— Nós somos da aldeia da estalagem de alvenaria...

O outro policial respondeu:

— Somos da aldeia da serrania amarela.

Já o motorista disse:

— Nós viemos de uma fábrica de seda da cidade. Nosso patrão está aqui para discutir alguns negócios.

As três respostas contraditórias levantaram mais suspeitas. Fato era que a aldeia Wang, no condado de Linquan, estava situada na fronteira entre as províncias de Anhui e Henan. Uma trilha pela casa do diretor de uma escola da aldeia na verdade era o limite entre as duas províncias. Dizia-se entre o povo que quando o filhinho do diretor urinava no caminho, ele estava na verdade irrigando as terras de duas províncias. Situados em uma posição tão precária, com três homens uniformizados como policiais zanzando na escuridão da noite, os aldeões ficaram naturalmente alarmados. Solicitaram aos homens que apresentassem seus documentos. Eles se recusaram e fugiram, mas estavam em terreno desconhecido. Vendo os aldeões no seu encalço, um dos policiais parou de correr e sacou seu revólver.

— Parem, ou eu atiro! — ameaçou.

Estando em vantagem numérica, os camponeses não se intimidaram. Aquilo só confirmava sua suspeita de que os três, com suas histórias discrepantes, não tinham boas intenções em absoluto. Por que não mostraram suas identidades? Por que fugiram, deixando o carro para trás?

Convencidos de que os uniformes eram falsos, os campônios deram uma dura sova nos três invasores.

Agredido, o motorista deixou escapar a verdade:

— Eles realmente são policiais da delegacia de polícia do distrito. Deram-me 10 iuanes e um maço de cigarros para usar meu furgão e estão aqui para prender pessoas.

Ele tirou do bolso a nota de 10 iuanes e o maço de cigarros, na esperança de ser deixado em paz. Os moradores da aldeia se voltaram então para os dois policiais, Zhang e Wang, que finalmente confessaram que eram mesmo de Baimiao e estavam lá para realizar prisões.

Esta informação apenas levou a mais perguntas:

— Prender nossos representantes?

— Por que não fazê-lo abertamente?

— Por que fingir estar vindo de outros vilarejos ou da fábrica de seda da cidade?

— Por que tentaram fugir?

Os aldeões insistiam em obter respostas.

Um dos guardas disse, em voz baixa:

— Estamos aqui para investigar jogos de azar...

O outro falou:

— Estamos aqui patrulhando...

Isso era realmente descabido. Durante os últimos 45 anos — desde a liberação comunista — a força policial do distrito jamais fizera qualquer patrulha nas aldeias. Por que agora, justo quando os camponeses estavam sendo ressarcidos de algumas das taxas excessivas, eles apareciam lá de repente? E por que estavam realizando sua assim chamada patrulha bem nas fachadas das residências dos representantes da aldeia? Logo se descobriu que um dos policiais estava bêbado. Sabendo que aquelas pessoas eram capazes de qualquer coisa e se transformavam em verdadeiros assassinos sob efeito do álcool, os aldeões tomaram a arma e os quatro pares de algemas que os homens traziam. Ficara claro que eles estavam lá de fato para realizar quatro prisões secretas, e seus alvos eram ninguém menos que Wang Junbin, Wang Xiangdong, Wang Hongchao e outro jovem, Wang Hongqin.

Os aldeões estavam furiosos, gritando com os policiais:

— Quando somos espancados, vocês fecham os olhos. Agora que recorremos à liderança central, vocês tentam nos prender secretamente! Não têm vergonha?

Eles estavam com tanta raiva que destruíram o furgão. O policial Wang e o motorista conseguiram escapar. O policial embriagado, Zhang, ficou sóbrio rapidamente pelo rumo dos acontecimentos e também fugiu. No que dizia respeito aos aldeões, o assunto estava encerrado.

Foi este o clima da noite de 2 de abril de 1994. Uma pequena disputa local que os chefes do Partido no condado mais tarde tentaram transformar em uma tempestade, uma insurreição na qual policiais do distrito foram atacados e tiveram as armas roubadas. O policial embriagado mais tarde alegou que tinha sido seriamente ferido durante a briga.

Depois da fuga dos três intrusos, um morador da aldeia juntou o revólver, os cartuchos e as algemas que tinham sido apreendidas e os entregou ao diretor da milícia do distrito, Wang Dongliang, que por acaso era um residente da aldeia Wang. Já era madrugada e todos foram para casa dormir um pouco.

Ninguém poderia imaginar que, na manhã seguinte, quando o secretário do Partido no condado Zhang Xide soubesse do ocorrido, a história do acontecimento noturno seria totalmente distorcida. Apesar de os dois policiais, dos dois seguranças (que correram ao primeiro sinal de confusão) e de o motorista recrutado terem sido liberados, e de a arma, os cartuchos e as algemas terem sido devolvidos em segurança para a custódia oficial, o comitê do Partido em Linquan, na figura de seu líder Zhang Xide, fez um relato falso a seus superiores na prefeitura e lançou uma sangrenta e inédita campanha contra os aldeões, sob o falso pretexto de "resgatar policiais seqüestrados e procurar pelas armas na aldeia Wang".

Na manhã seguinte, 3 de abril de 1994, um destacamento de mais de cem policiais armados saiu da sede do condado em oito camburões, com sirenes anunciando sua aproximação. Os carros estavam equipados com metralhadoras e os homens vestiam capacetes e coletes à prova de bala, além de carregarem cacetetes e escudos. Assim que o comboio entrou na aldeia, seu alto-falante proclamou a ordem:

— Ninguém sai!

Mas estes policiais tinham esquecido, ou nunca souberam, que a aldeia estava bem na fronteira entre Anhui e Henan. Tudo que os moradores tinham que fazer era caminhar até o final da aldeia para estar na província de Henan, fora do alcance da polícia de Anhui, e foi exatamente o que muitos fizeram. Claro que houve vários que ficaram: idosos, aqueles que não tomaram parte nas petições ou gente de fora visitando parentes — todos se sentiam seguros e não viam necessidade de fazer como a multidão que corria para Henan. Para sua grande surpresa, entretanto, a polícia não fez distinção entre homens, mulheres ou crianças, moradores ou forasteiros, e espancou freneticamente todos em quem conseguiu pôr as mãos. Ecoavam os sons de xingamentos, socos e pontapés, de utensílios domésticos se quebrando, dos gritos das crianças, dos protestos dos adultos, bem como do cocoricar dos galos voando para cima dos telhados, do latido dos cachorros pulando os muros e dos guinchos dos porcos se debatendo dentro dos chiqueiros, em pânico.

Obviamente, os alvos desse ataque surpresa eram os aldeões que tinham ido às autoridades superiores para fazer apelos. As casas destas pessoas foram reviradas, seus pertences quebrados e mesmo suas chaminés foram derrubadas. Uma coleção de 20 dólares de prata que Wang Hongqin tinha entesourado, 700 iuanes que Wang Xiangdong economizara e um gramofone de Wang Hongchao — tudo desapareceu no ataque. Os invasores pegaram 8 mil tubos de veneno para rato, o estoque inteiro de Wang Hongchao, e esvaziaram o conteúdo em seu depósito de trigo. Depois de espalharem o tóxico vigorosamente com uma pá, foram embora triunfantes. As 12 pessoas detidas na incursão de 3 de abril de 1994 eram na maior parte pessoas que não tinham nada a ver com as petições: velhinhos, moças em visita a parentes e até estudantes que cruzaram a fronteira da província vizinha.

Em seguida ao ataque, as autoridades do condado de Linquan expediram uma carta pública pretextando que a ação fora "correta e oportuna", "de acordo com a lei", feita "com o apoio de superiores", e que não deveria haver "murmúrios contra ela", e assim por diante.

Sete anos mais tarde, em 2001, tivemos oportunidade de entrevistar um dos presos, Wang Yongming, um camponês cumpridor da lei que estava cuidando de sua vida e era inclusive membro do comitê do vilarejo. Quando a polícia chegou, ele estava ocupado consertando o chiqueiro e não se preocupou de forma alguma, julgando ser a última pessoa a precisar se alarmar com a situação. Ficou estupefato quando dois guardas pararam diante dele e o forçaram a entrar num camburão sem nem um "com sua licença".

Wang Yongming e os outros detidos, todos com as mãos amarradas atrás das costas, foram levados à delegacia do distrito de Baimiao, onde foram espancados. Um deles se arriscou a protestar e foi castigado com água fervente derramada na cabeça. Logo foram removidos para o centro de detenção do condado de Linquan. Assim que saíram do camburão, foram chutados até ficarem de joelhos, quando então foram flagelados com fios elétricos trançados. Depois do açoite, foram algemados e obrigados a correr três voltas pelo pátio, com chicotadas cadenciando o ritmo. Depois, tiveram que pagar 7 iuanes cada um pelo uso das algemas. Naquela mesma noite, os presos foram todos jogados em uma cela, onde Wang Yongming sofreu ainda a agonia de ter as mãos pisadas pelas botinas dos guardas. Após dois dias de encarceramento, Wang Yongming inexplicavelmente foi transferido para o corredor da morte, posto junto aos condenados que, em seu desespero e fúria sádica, espancaram-no, arrancaram seu cabelo, bateram sua cabeça contra a parede e o torturaram de todas as maneiras possíveis. Os guardas assistiam a tudo indiferentes.

Wang Yongming ficou trancafiado por oito dias e depois foi chutado para fora — não apenas sem qualquer explicação, mas ainda forçado a pagar uma taxa por sua permanência durante a descabida prisão! Na saída, foi avisado:

— Lembre-se, nem um pio!

Sete anos se passaram, mas as marcas das contusões deixadas pelas algemas nos seus tornozelos ainda eram claramente visíveis. E foi assim que as autoridades do condado de Linquan, de forma rápida e violenta, reprimiram o que chamaram de "incidente do distrito de Baimiao".

As jornadas clandestinas a Pequim

A maioria dos camponeses que cruzaram a fronteira com Henan para evitar a prisão estava assustada demais para voltar. Muitos deles se viravam como trabalhadores migrantes. Os mais bravos se arriscavam a ir de noite, apenas para encontrar seus campos abandonados e suas residências pilhadas de seus poucos e humildes pertences durante sua ausência.

Um dia, os representantes da aldeia — Wang Junbin (o veterano do exército), Wang Xiangdong, Wang Hongchao e Wang Hongqin, todos escondidos em Henan — conseguiram enganar os espiões de seu próprio condado e se reuniram para trocar idéias. Revendo a situação, os quatro decidiram que não tinham outra escolha senão relatar os fatos ao Comitê Central do Partido em Pequim. Foi decidido que Wang Junbin ficaria para vigiar as coisas, enquanto Wang Hongchao, Wang Xiangdong e Wang Hongqin tomariam um ônibus para Zhengzhou, a capital provincial de Henan, de onde poderiam embarcar em um trem para Pequim.

Era a segunda jornada de Wang Hongchao e Wang Xiangdong à capital. Na chegada, os três foram direto ao escritório de petições e apelações do Comitê Central do Partido e do Conselho Estatal, que ficava perto da estação de trem de Yongdingmen. Mas quando chegaram lá, encontraram, à sua espera e em tocaia, os homens da segurança de seu condado natal, que imediatamente lançaram-se sobre eles. Os três homens foram levados à força, negando furiosamente as falsas acusações, mas uma vez nas mãos da segurança de seu próprio condado, eles não tinham a menor chance. Os seguranças imediatamente os conduziram de volta à província de Anhui, onde foram acusados de roubar duas pistolas e 15 cartuchos da polícia e planejar um ataque em Pequim. Eles foram levados presos, não para Linquan, seu condado de origem, mas para o condado de Taihe, lar do chefe do Partido, Zhang Xide, sua nêmesis e a mão por trás desta prisão ilegal.

No condado de Taihe, Wang Hongchao e seus dois companheiros foram torturados por dois meses, uma dolorosa, humilhante e apavorante experiência além do imaginável. Suas mãos eram amarradas atrás das costas 24 horas por dia. Para comer, tinham de se ajoelhar e lamber uma tigela posta diante deles. Ao chamado da natureza, eles eram obrigados a abaixar as calças com as mãos atadas e se aliviar da melhor forma possível. À noite eles conseguiam apenas deitar de lado, seus corpos esmagando ora um braço, ora outro. O castigo tinha por objetivo despi-los de toda dignidade humana, fazê-los perder toda a capacidade de pensar e transformá-los em criaturas às ordens de seus mestres — e também torná-los cães embrutecidos que atacam a uma ordem do dono.

Durante o verão de 1994, Wang Hongchao, Wang Xiangdong e Wang Hongqin definharam na prisão, e o veterano do exército Wang Junbin aguardou em Henan, sem saber o que tinha acontecido com seus amigos. Houve então uma inesperada reviravolta nos acontecimentos: Yu Guangxuan, que tinha o cargo honorário de vice-presidente para o condado de Linquan da Conferência Consultiva Política do Povo Chinês,* teve notícia do que acontecera na aldeia

*A Conferência Consultiva Política do Povo Chinês, ou CPPC, é um corpo de aconselhamento político composto tanto de membros como de não-membros do Partido que representam os diferentes segmentos da população e auxiliam o Partido e o governo na elaboração de suas políticas.

Wang, da viagem dos camponeses a Pequim e da carta de "ressarcimento" de Zhang Xide, passando pela obscura ação policial clandestina na noite de 2 de abril e pela severa repressão do dia seguinte, até as prisões ilegais em Pequim e o encarceramento secreto no condado de Taihe. Era uma demonstração clara de revanche sobre os camponeses por fazerem petições e apelos. Yu Guangxuan decidiu que não ficaria esperando de braços cruzados e não permitiria que a situação prosseguisse.

Num domingo, ele pegou um ônibus em Henan para Xincai, o condado vizinho, procurou uma agência dos correios e mandou um telegrama ao secretário-geral Jiang Zemin, detalhando os fatos do incidente em Baimiao. O custo do longo telegrama era o equivalente a dois meses de despesas domésticas para o vice-presidente Yu. Evidentemente, os funcionários do correio em Xincai conheciam as sérias implicações de enviar tal correspondência, mas, sendo a história de outra localidade, não havia risco, e assim ela foi despachada direto para a capital.

O vice-presidente da Conferência Consultiva Política do condado mais tarde descobriu como, depois de chegar a Pequim, seu telegrama fez o caminho normal subindo a escadaria burocrática até o topo, para depois descer degrau por degrau até cair de volta nas mãos do próprio chefe do Partido no condado de Linquan, Zhang Xide.

Zhang ficou furioso e ordenou uma investigação imediata de quem tinha enviado aquela carta. A tarefa não era tão fácil quanto se pode imaginar. O fato era que, justamente antecipando esta conseqüência, Yu Guangxuan enviara o telegrama sem assinar o próprio nome: em vez disso escrevera "Wang Hongqin". Estava claro, para os investigadores, que quem quer que tivesse enviado o telegrama, não poderia ser Wang Hongqin, porque ele estava apodrecendo na prisão em Taihe, com suas mãos imobilizadas 24 horas por dia. Desta forma, Wang era o primeiro eliminado da lista de suspeitos. Para confundir ainda mais, Yu acrescentara o cargo "oficial reformado" ao nome Wang

Hongqin. Os comparsas de Zhang Xide esquadrinharam inutilmente a população do vilarejo — não conseguiram encontrar um único oficial reformado que se chamasse Wang ou qualquer outro. Mas eles acharam Wang Hongzhang, um aposentado. Mesmo que um oficial reformado não tivesse a menor semelhança com um aposentado, e ainda que as últimas letras dos nomes fossem diferentes, isto bastava para a segurança pública do condado de Linquan. Um dia, Wang Hongzhang foi chamado a comparecer a sua unidade de trabalho. Ele estava sem receber sua aposentadoria há um bom tempo, então foi com alegria, esperando ser pago. No minuto em que entrou pela porta, a segurança o agarrou. O pobre Wang Hongzhang não tinha nem idéia do que estavam falando quando perguntaram sobre um telegrama, mas suas negativas só induziam ao espancamento.

Esta prisão inesperada ocasionou mais uma reviravolta nos desdobramentos desta comédia de erros: o efeito não-premeditado de implicar outra pessoa que até então não tinha interesse nos problemas da aldeia, Wang Hongling. Durante a ação policial de 3 de abril, a esposa de Wang Hongling foi presa e agrilhoada como os outros. O irmão de Hongling, Wang Hongbin, que tentou defender a cunhada, foi atacado com um bastão elétrico e ficou seriamente machucado. E agora lá estava Wang Hongzhang, equivocadamente capturado por algo com que não tinha nada a ver. Acontece que Wang Hongling, Wang Hongbin e Wang Hongzhang eram irmãos que morreriam uns pelos outros. Wang Hongling trabalhava no condado de Henan. Com um irmão ainda se recuperando de um espancamento brutal e o outro irmão preso injustamente, Wang Hongling decidiu dar um basta. Ele resolveu fazer alguma coisa, não apenas pelos irmãos, mas para todos os seus compatriotas na aldeia Wang. Ele largou seu bom emprego e procurou Wang Junbin, o veterano do exército ainda escondido em Henan. Os dois se juntaram e convocaram com sucesso 56 camponeses da aldeia. O grupo seguiu para Pequim em junho de 1994. Era a terceira tentativa dos camponeses do vilarejo Wang de transmitir sua mensagem e ver a justiça ser feita.

O chefe do Partido no condado, Zhang Xide, ficou extremamente alarmado quando ouviu sobre a viagem e imediatamente tomou medidas para agir contra seus efeitos. Ele mandou um "grupo de trabalho" de cem oficiais locais a Wang, onde deram um grande espetáculo como se estivessem indo resolver problemas. Membros desta comissão comeram e beberam à custa dos camponeses e deram a volta pelo vilarejo com alto-falantes emitindo propaganda, recordando os dias da Revolução Cultural. Era uma aflição insuportável para os camponeses já em dificuldades financeiras, para não falar do verdadeiro propósito da comissão, que era levantar dúvidas sobre o objetivo da terceira viagem. Para piorar a miséria geral, houve uma estiagem naquele verão.

Quando os 56 camponeses liderados por Wang Junbin e Wang Hongling voltaram de sua terceira e malograda viagem a Pequim, eles não podiam cuidar de seus estorricados campos por causa da interferência dos grupos de trabalho. Depois da comissão de cem homens, Zhang Xide mandou duzentos homens da tropa de choque em trinta carros e caminhões. Eles cercaram o vilarejo e anunciaram que o condado em breve presidiria um encontro massivo de 10 mil pessoas, para educar os camponeses quanto a fazer apelos a Pequim. Uma atmosfera de medo se espalhou. Alguns deixaram a terra de uma vez, e mais de mil *mu* de milho foram perdidos. Era um clima de caça às bruxas tão opressivo que um agricultor chamado Wang Yang, que tinha aderido ao grupo dos 56 na terceira ida à capital, dominado pelo medo, tomou veneno numa noite e morreu.

Em outubro do mesmo ano, o posto de segurança do condado de Linquan divulgou uma notificação pública intimando Wang

Junbin e seus companheiros a se entregarem como "criminosos" procurados pela polícia por "detenção ilegal de policiais", "roubo" e por disseminação de "propaganda reacionária". Uma advertência pública foi igualmente enviada para suas famílias. A isto se seguiu um boletim público da organização do Partido no condado informando a expulsão de Wang Junbin do Partido — o acontecimento com o qual começou nossa história.

Quando os homens não temem a morte, que controle se tem sobre eles?

Correndo paralelamente à ação tomada contra Wang Junbin, que liderara a terceira infrutífera viagem a Pequim, o passo seguinte dado pelo condado de Linquan em retaliação pelos repetidos apelos dos camponeses a Pequim foi um julgamento público de Wang Xiangdong e Wang Hongchao, dois dos três homens que tinham sido trazidos de volta de Pequim e jogados na prisão do condado de Taihe. No dia do julgamento, as autoridades colocaram polícia e homens à paisana de sentinela em todo o lugar, mas isto não impediu que quase setecentos camponeses das redondezas e vindos de longe comparecessem para ver que provas a corte poderia apresentar contra seus representantes, nos quais tinham plena confiança.

O promotor público procedeu com a leitura dos "crimes odiosos" de Wang Xiangdong e Wang Hongchao, bem como das provas coletadas na aldeia. Os aldeões — que não estavam nem um pouco dispostos a manter a ordem na corte forjada — começaram a gritar.

— Mentiras! Provas forjadas!

— Esses bons homens foram injustiçados!

— Soltem-nos imediatamente!

— São vocês que têm de ser julgados.

O julgamento aberto descambou em um caos completo.

Nunca se tinha ouvido nos arredores que uma multidão pudesse tomar um tribunal de justiça. O juiz e a polícia do tribunal estavam completamente perdidos sobre como reagir. Quando os homens não temem a morte, que controle se tem sobre eles? A segurança armada ficou com medo de que as coisas saíssem de controle e desapareceu. O magistrado não tinha escolha senão anunciar que o julgamento entraria em recesso até o dia seguinte. Mas abrir os trabalhos novamente seria pedir por outro protesto em massa dos camponeses. Para salvar as aparências, a corte do condado sub-repticiamente condenou os dois por "obstrução de assuntos oficiais" e condenou Wang Xiangdong a dois anos de prisão e Wang Hongchao a um ano de reclusão, com dois de condicional.

Wang Hongchao teve de cumprir sete meses de sua pena antes de ser liberado em condicional. Desde o incidente de Baimiao em 2 de abril de 1994, no ano anterior, ele estivera escondido em Henan, ou a caminho de Pequim, ou preso. Não fazia idéia do que tinha acontecido na aldeia e em sua própria casa neste ínterim. Finalmente de volta, ele pôde ver seu lar saqueado e seu veneno de rato misturado com os estoques de trigo. Sua esposa estava enlouquecendo em função dos desastres familiares, e sua filha única sofria de alucinações e teve de abandonar o colégio. Baqueado pela situação que enfrentava, Wang recordou o ditado: "Desde tempos imemorais, os camponeses recorreram à autoridade por justiça; se isso falhar, o que pode detê-los?" De fato, Wang Hongchao pensou em sua segunda viagem a Pequim, quando ele e seus dois amigos foram tão ilicitamente apanhados pelos carrascos do condado de Linquan bem em frente ao gabinete de petições e apelos. Os oficiais do condado provavelmente os caluniaram para que os companheiros de Pequim ficassem impassíveis, vendo-os serem levados — os camaradas de Pequim devem ter sido ludibriados. Pensando desta maneira, Wang Hongchao decidiu que deveria ir mais uma vez à capital para esclarecer as calúnias atiradas sobre si e sobre os outros representantes do vilarejo. Wang Hongchao decidiu agir.

Ele se lembrou da "prova" lida contra ele no tribunal forjado. Ele começou procurando três pessoas na aldeia que teriam fornecido ao tribunal evidências contra ele. O que ouviu provocou nele um grande abalo.

A primeira testemunha que encontrou, uma mulher chamada Shao, nunca fora ao tribunal. Quando contou que seu depoimento tinha sido lido, ela por sua vez teve o maior susto de sua vida. Ela disse que, na fatídica noite de 2 de abril, fora cedo para a cama e não ouvira nada do que aconteceu. Além disso, afirmou, era analfabeta e jamais dera qualquer declaração ou testemunho por escrito, muito menos com a marca do seu polegar.

— Ou alguém está tentando me fazer mal — disse ela —, ou está me usando para fazer mal a outra pessoa.

A segunda testemunha, também de sobrenome Wang, informou que funcionários do gabinete de segurança do condado haviam feito uma visita. Eles mostraram uma fotocópia e pediram que ele lesse. Ele era analfabeto, então os servidores leram na página uma lista de nomes e perguntaram:

— Estas pessoas são de sua aldeia?

Ele disse que sim. Então o funcionário da segurança tirou outra folha de papel e começou a escrever. Quando terminou, solicitou a Wang que pusesse sua marca. É evidente que Wang não queria fazer nada daquilo. Então o chefe do Partido no distrito de Baimiao, Han Chunsheng, chegou perto e disse:

— Só faça uma marca com o dedo polegar e livre-se logo disso.

Então Wang fez como mandavam e pressionou seu polegar primeiro na fotocópia e depois na página manuscrita. Só quando as folhas foram lidas no tribunal ele percebeu que tinha servido de "testemunha" para os "crimes" de Wang Hongchao e Wang Xiangdong.

A terceira testemunha declarou que nunca dissera nada sobre o acusado ter "atacado os homens da segurança pública". Ele contou a Wang Hongchao:

— Eles me fizeram falar e tomaram nota, depois me pediram para botar minha marca, mas não leram o que tinham escrito. Quando meu "testemunho" foi apresentado em juízo, não era nada do que eu tinha dito.

Dois outros homens, acusados de atacar a polícia na noite de 2 de abril, também alegaram que haviam sido falsamente incriminados, já que nem estavam em casa naquele momento. Um deles estava em Henan e o outro na província de Shanxi.

Wang Hongchao ficou pasmo com as revelações. Mais uma vez, perto do fim de 1994, conseguiu reunir um grupo de 73 aldeões, e eles empreenderam uma quarta marcha a Pequim em busca de justiça. Desta vez, a ênfase da acusação era menos a injusta taxação financeira e mais a opressão sofrida pelo povo sob o domínio do chefe do Partido no condado, Zhang Xide.

Quando Zhang Xide soube que os aldeões de Wang estavam mais uma vez a caminho de Pequim, ele subiu pelas paredes.

— Vou pegá-los — dizia ele, rangendo os dentes — mesmo que me custe um braço e uma perna.

As seguidas viagens dos camponeses a Pequim, desafiando o contínuo aborrecimento dos poderosos, emitiram sinais de perigo para os oficiais até o nível provincial. As autoridades de Anhui comissionaram um grupo de investigação formado por oficiais nos níveis da província, da prefeitura e do condado. Eles se instalaram tanto no distrito de Baimiao quanto na aldeia Wang. Mas a investigação conjunta foi uma grande decepção — e como poderia ser diferente, se o povo do condado estava na verdade investigando a si mesmo?!

Mais tarde tivemos a oportunidade de examinar o relatório formal da pesquisa. Ele evitou totalmente o assunto da sobretaxação dos camponeses da aldeia Wang, e suas páginas foram conspurcadas com diagramas mostrando que os livros contábeis estavam em bom estado e que não havia irregularidades financeiras entre os oficiais do vilarejo. Pior, a investigação conjunta referente ao "incidente do distrito de Baimiao" repetiu as alegações das autoridades do condado de que Wang Junbin, Wang Xiangdong, Wang Hongchao, Wang Hongzhang e outros eram "criminosos". Quanto ao encarceramento ilegal de Wang Hongchao, Wang Xiangdong e Wang Hongqin na cadeia do condado de Taihe, o relatório fez a falsa afirmação de que todos os acusados assinaram depoimentos confessando seus crimes. Protegido por seus superiores, Zhang Xide continuou irrestritamente a agir como um tirano sobre o vilarejo, ficando também cada vez mais rico no decorrer deste processo, inclusive dirigindo pelas redondezas um automóvel Mercedes Benz pago pelo erário.

A vida se arrastou entre 1994 e 1995, quando os camponeses da aldeia Wang foram afligidos por outro desastre punitivo. No dia 1° de setembro de 1995, o condado de Linquan enviou outra "tropa de choque", desta vez com trezentos membros, para conferir o cumprimento da política do filho-único. Estas criaturas mesquinhas andavam com ares de superioridade pela aldeia, inventando desculpas para impor multas e taxas, levando embora porcos ou ovelhas, revolvendo os estoques de grãos, removendo a mobília, botando portas abaixo ou arruinando paredes das casas em busca de multas e outros pagamentos, que acabavam dentro de seus bolsos. Mais uma vez, os camponeses eram obrigados a suportar o fardo das despesas que vinha com a tropa de choque.

Os aldeões de Wang estavam indignados. Novamente realizaram uma reunião e novamente decidiram partir em marcha para Pequim em busca de justiça, sua quinta marcha. Não havia mais volta, e eles não se importavam de deixar margem para manobras. Era fazer ou morrer. Liderando a caminhada, ninguém menos que o experiente representante da aldeia e antigo vendedor ambulante de veneno de rato, Wang Hongchao.

A chegada do grupo a Pequim não se deu no vácuo. Pelo contrário, a atmosfera já estava bem carregada. Justo algumas semanas antes, Li Xinwen, um camponês de outra aldeia do condado de Linquan, fora a Pequim para peticionar por justiça. A casa de Li havia sido forçosamente demolida para que a agência de segurança do condado pudesse construir um extravagante novo prédio de escritórios no local. Ele não recebeu indenização adequada e, além disso, foi despojado de seu sustento. Sem ter onde morar, foi a Pequim para procurar justiça, mas acabou sendo assaltado na cidade grande. Em 4 de outubro de 1995 — logo após o 46° aniversário de fundação da República Popular —, Li, em completo desespero, tentou jogar-se sob um carro em um movimentado cruzamento central na região do distrito de Qianmen, mas não conseguiu. Na alvorada da manhã seguinte, 5 de outubro, ele subiu ao topo do prédio do gabinete de petições e apelações e pulou para a morte.

A cidade estava em choque. O escândalo de tal tragédia nascida da desesperança dos camponeses foi seguido em 27 de outubro pela chegada na capital de 74 aldeões de uma aldeia de Linquan. Era a quinta tentativa desesperada dos camponeses da aldeia Wang, do distrito de Baimiao, condado de Linquan, província de Anhui, de obter a atenção do Partido e do governo. Dois dias depois, em 29 de outubro, um domingo, eles se viram na Praça da Paz Celestial.

As cinco estrelas da bandeira nacional tremulavam no centro da praça e famílias relaxavam e se divertiam nas adjacências. Os camponeses da aldeia Wang enganaram os funcionários do gabinete de apelações, que estavam de olho neles. Eles conseguiram se congregar ao pé do mastro que sustentava o estandarte chinês. Através de um sinal combinado de antemão, todos caíram de joelhos em acusação muda. Eles tinham ido a Pequim implorar ao Partido que remediasse seus sofrimentos: decidiram tomar esta atitude mesmo com o risco de vida envolvido. Eles sabiam das implicações de tal ato — o efeito negativo que poderia ter na imagem do país. Prejudicar a imagem da China poderia ser interpretado como tentativa de lesar a imagem do Partido em âmbito público, às lentes dos repórteres estrangeiros. Eles poderiam ser detidos, aprisionados — até mesmo mortos. Mas não conseguiam pensar em outra maneira de comover os líderes da capital, cujos corações pareciam surdos aos lamentos do povo.

Os agricultores do condado de Linquan — um que, em desespero, pulara para a morte, e 74 que viajaram para cair de joelhos na Praça da Paz Celestial — finalmente tiveram a atenção do país, e a nação foi estremecida em seu âmago. O Comitê Central do Partido finalmente se sentou e tomou conhecimento. Foram dadas ordens aos líderes provinciais de Anhui para virem imediatamente à capital. Eles deveriam comparecer a uma reunião emergencial com representantes dos ministérios da Agricultura e da Segurança Pública, da suprema corte procuradora, da Alta Corte Judicial, do comitê disciplinar do Comitê Central, do Comitê Nacional de Planejamento Natal e de outros gabinetes e instituições envolvidas.

Wang Hongchao e dois outros camponeses foram convidados a comparecer e apresentar seu caso perante esta assembléia máxima.

Nesta reunião, líderes do Ministério da Agricultura reafirmaram a política do Comitê Central do Partido de alívio da carga tributária sobre o campesinato e ordenaram o reembolso de qualquer excesso em multas e taxas impostos sobre eles. Ficou igualmente claro que os camponeses não deveriam ser punidos por irem aos escalões superiores do governo para apresentar suas queixas.

O comitê disciplinar da Central do Partido e os órgãos fiscalizadores do governo expressaram sua desaprovação pela procrastinação e atrasos, que exacerbaram as tensões entre os camponeses e a liderança. Foi anunciada a distribuição de medidas disciplinares onde quer que fossem necessárias, incluindo punição legal. O representante do Ministério da Segurança Pública também esclareceu as questões relacionadas ao chamado "incidente do distrito de Baimiao" de 2 de abril de 1994, e a repressão severa que aconteceu em seguida — ponto culminante que provocou os camponeses além dos seus limites. Eles também tiveram respostas a suas perguntas sobre policiais patrulhando aldeias: primeiro, a ronda da segurança pública era destinada a áreas urbanas e densamente povoadas. Segundo, era contra a lei que um funcionário da segurança pública se recusasse a mostrar o documento de identificação. Terceiro, os aldeões tinham uma justificativa por destruir o furgão de estranhos que ficaram rondando pelo vilarejo sob o disfarce da noite e se recusaram a mostrar identificação. Quarto e último, aqueles que tinham sido presos na ação policial deveriam ser imediatamente liberados.

Estava encerrado o assim chamado "incidente do distrito de Baimiao" de 2 de abril de 1994, que começou quando o chefe da aldeia Gao roubou a TV e a bicicleta de Wang Hongchao pelo não-pagamento de uma taxa de 6 iuanes, um ato de tirania que se transformou em uma espiral de descontrole, despertou para a ação os aldeões em cinco viagens a Pequim e terminou com o espetáculo público de 74 camponeses ajoelhando-se em súplica ao Partido no coração da capital.

Um mês depois, em novembro de 1995, o governo provincial de Anhui formou um novo grupo de investigação composto de 12 camaradas do nível provincial e da prefeitura e o mandou ao distrito de Baimiao e à aldeia Wang para realizar uma pesquisa de campo. Após uma estada de vinte dias, a equipe pôde confirmar que houvera taxação excessiva, excessivo uso da força na aplicação da política do filho-único e medidas excessivas no trato do suposto "incidente do distrito de Baimiao". Um justo resumo. Ou algo assim.

6 de dezembro de 1995 foi um dia feliz na aldeia Wang.

Wang Xiangdong, um dos jovens locais com alguma educação e um dos três rapazes que lideraram a primeira expedição para Pequim no inverno de 1993, foi libertado após ter passado um ano e meio preso ilegalmente. Após a repressão que se seguiu ao incidente de Baimiao em 2 de abril de 1994, ele aderiu como líder à segunda viagem a Pequim, junto com Wang Hongchao e Wang Hongqin. Fora arrastado de volta de Pequim, atirado na prisão do condado de Taihe e depois secretamente condenado a dois anos de prisão.

Wang Junbin, o veterano do exército que estivera na lista de procurados, ficou escondido depois de tomar parte na primeira viagem a Pequim. Ele liderou a terceira viagem fracassada a Pequim, em companhia de um novato na história, Wang Hongling, o homem cujo irmão tinha sido erroneamente encarcerado por ter mandado o misterioso telegrama. Ele também tinha se escondido desde então. Ambos retornaram triunfantemente e Wang Junbin foi reintegrado ao Partido.

Wang Hongchao, o vendedor de veneno de rato, teve um papel ativo ao longo da luta por justiça. Além de liderar a primeira e a segunda jornadas, após as quais foi arrastado de volta e jogado numa cela, liderou a quarta expedição, de 73 pessoas, a Pequim. Esta motivou uma investigação conjunta, mas a comissão incluía os próprios acusados — a liderança do condado —, e portanto não deu em nada. Wang Hongchao foi também a mente por trás da quinta e última ida à capital, quando 74 camponeses da aldeia Wang finalmente obtiveram a atenção do governo e do Partido.

Agora todos esses homens — Wang Junbin, Wang Hongchao, Wang Xiangdong, Wang Hongqin e outros — eram recebidos de volta como heróis, com uma grande batucada de gongos, queima de fogos de artifício e acenos de bandeiras vermelhas com saudações como "Paladinos do Povo".

Wang Xiangdong foi eleito o novo chefe da aldeia, e Wang Junbin, secretário do Partido.

O começo de 1996 trouxe uma emoção para toda a comunidade da aldeia: o chefe do Partido em Linquan, Zhang Xide, estava sendo transferido! As notícias se espalharam rapidamente. No dia em que ele ia partir, centenas, se não milhares, de habitantes de todos os povoados dos arredores chegaram à sede do condado e se reuniram em massa bem em frente ao comitê do Partido, sitiando Zhang Xide em seu gabinete. Gritavam sem cerimônias:

— Zhang, saia e mostre a cara!

Oficiais do condado estavam entre os espectadores, mas nenhum se adiantou em acalmar a situação.

Zhang Xide, por fim, apareceu timidamente. Enquanto ele tentava expressar algumas palavras de desculpas, a multidão avançou sobre ele, sacudiu-o, alguns xingando, outros discretamente usando os punhos para socá-lo. O outrora formidável secretário do Partido no condado de Linquan agitava os braços sem ser ajudado por ninguém. Como caem os poderosos. A força de segurança pública do condado veio em seu socorro, sua chegada precedida pelo uivo das sirenes policiais, mas o antes todo-poderoso Zhang Xide suplicava-lhes:

— Por favor, por favor, não façam prisões! Por favor, não machuquem ninguém!

Parecia que Zhang Xide finalmente aprendera a lição.

5

UM CÍRCULO VICIOSO

Um círculo vicioso

Entre os incidentes envolvendo abusos na Anhui rural, um dos mais chocantes foi a tragédia na aldeia Shensai, um caso típico de extorsão de impostos que levou um camponês à morte.

Shensai é uma aldeia do distrito de Zhonggang, no condado de Funan, à margem do rio Huai. É conhecida em todo o país como "reservatório" — na verdade, um desaguadouro para o rio. Sempre que o Huai transborda as barragens, os aldeões são obrigados a ver seus campos se tornando enormes reservatórios de água e suas próprias casas flutuando para longe ao sabor da enchente. Ano após ano, eles fazem este sacrifício extremo para que a parte inferior do rio, a cidade de Bengbu, as minas de carvão nas margens mais baixas, a cidade grande de Xangai e as ricas províncias vizinhas de Jiangsu e Zhejiang possam ser poupadas. Ano após ano, os agricultores têm de se resignar a ver tudo pelo que trabalharam ser inundado. As pessoas com quem falamos disseram que os céus puniriam qualquer um que ousasse se aproveitar destes maltratados camponeses. Mas o chefe do Partido na aldeia Shensai, Shen Keli, era exatamente este tipo de homem.

Outrora, Shen Keli fora um jovem de bom coração. Ele se alistou para o exército e aderiu ao Partido logo depois. Quando foi reformado, a aldeia julgou que tinha competência e retidão e o elegeu chefe do comitê local. No começo, ele realmente se empenhou em prol de seus companheiros e ganhou sua estima. Logo se tornou chefe do Partido, bem como chefe da aldeia, e foi inclusive eleito delegado do distrito no Congresso do Povo.* À medida que subia em status, Shen começava a ter uma visão de mundo maior. Ele se deu conta de que pequenas e grandes instituições públicas, que deveriam "servir ao povo", na verdade são usadas e têm suas prerrogativas exploradas para extrair o que for possível do povo, na forma de taxas, multas, pagamentos, encargos e "arrecadações" compulsórias para uma ou outra causa. Em resumo, "servir ao povo" se tornara "servir ao deus dinheiro". Shen Keli entendeu esta realidade e começou a agir de acordo com ela. Através de desvios, propinas e extorsões, Shen fez sua escalada rumo ao dinheiro e ao poder. Depois, voltou sua atenção para a milícia. Indicou dois de seus três irmãos mais novos para ela: Shen Kexin, mais velho entre eles, tornou-se capitão e Shen Kehui virou membro em tempo integral. Os dois foram equipados com armas de fogo e bastões elétricos. Ele depois nomeou o irmão mais novo, Shen Chaoqun, como superior de uma das brigadas de produção da aldeia.** Com isto, Shen Keli tinha o controle do Partido, da administração civil e militar e se tornou o soberano absoluto de Shensai.

Foi neste cenário que se deu o infame incidente de extorsão armada dos "fundos de reserva" da aldeia Shensai, em 4 de novembro de 1995, o qual resultou em duas mortes e um ferido. O aconteci-

---

*O mais alto corpo legislativo da China é o Congresso Nacional do Povo. Ele elabora as leis, e os congressos populares e governos regionais cuidam da legislação local.

**Administração e unidades de produção têm variado com o passar do tempo e também de uma localidade para outra. Na era pós-Liberação, o campo foi dividido em comunas populares, brigadas e equipes de produção. Hoje em dia, comitês de aldeia são mais comuns.

mento chamou a atenção do Comitê Central e do Conselho Estatal. *Focus*, um programa popular da Televisão Central da China (TCC), apresentou um balanço da tragédia, e isto induziu o clamor por punições severas para os perpetradores, além de investigações para apurar a responsabilidade de líderes do alto escalão no caso. Tanto Shen Keli quanto seu irmão, Shen Kexin, tiveram seus direitos políticos cassados para o resto da vida.

O capitão de milícia Shen Kexin, o principal envolvido no incidente, foi condenado à pena capital por homicídio doloso, e o chefe de aldeia Shen Keli recebeu pena de morte, com suspensão condicional da pena. Na mesma hora em que a alta corte provincial confirmava as sentenças e ordenava a imediata execução de Shen Kexin, uma nova ordem veio de Pequim: retardar a execução até que a TCC se preparasse para transmitir ao vivo, obviamente para repassar a mensagem a toda a nação. Isto era totalmente inédito na história chinesa.

A condenação e a subseqüente decisão de televisionar a execução tinham algumas interessantes conseqüências, pois criavam um imprevisto ao governo local. Estava decidido que o anúncio formal da pena de morte e da execução a seguir se daria na sede do condado em vez de na localidade habitual, a capital da província. A liderança do condado ficou inquieta com os possíveis movimentos dos repórteres da TV pequinesa na localidade: alojados na região, eles muito provavelmente bisbilhotariam pela aldeia Shen e veriam a pobreza abjeta por toda parte. Então, os jornalistas foram acomodados no melhor hotel do condado, com belas acompanhantes para mantê-los satisfeitos. Mesmo assim, eles entraram às escondidas em Shensai e fizeram gravações em vídeo do que viram.

No memorável dia em que milhares, se não milhões, testemunharam ao vivo pela televisão Shen Kexin ser conduzido ao local de sua morte, foram anunciadas no *Focus* medidas disciplinares e rebaixamentos administrativos a serem aplicados a líderes nos níveis de prefeitura, condado e distrito. A transmissão foi encerrada com uma declaração de Zhu Rongji, então premiê do Conselho Estatal:

— A partir deste dia, qualquer um que ignorar as regras e extorquir os camponeses terá que responder por seus atos!

O Comitê Central do Partido e o Conselho Estatal também emitiram conjuntamente um documento relativo ao incidente de Shensai que pedia atenção nacional para o problema da taxação excessiva dos camponeses. "Informações sobre os sérios incidentes de 1995 relacionados à sobretaxação dos camponeses" revelou que, somente naquele ano, haviam acontecido 13 casos de taxação excessiva dos camponeses, levando à perda de vida entre o campesinato em oito províncias. O exemplo de Shensai era apenas um entre muitos e foi utilizado com o intuito de mandar um claro sinal.

O documento conjunto viajou por setores do governo no nível das aldeias, de forma que todos de uma vez foram colocados a par da tolerância zero para cargas excessivas, mas isto não bastou para prevenir a tragédia da aldeia Zhang (vide capítulo 2, "O tirano da aldeia"), na qual quatro camponeses foram mortos e um ficou ferido. Após o incidente em Zhang, oito casos similares foram relatados em 1999 — três em Hunan, dois em Sichuan e um em cada uma das seguintes províncias: Hubei, Gansu e Henan. Quem sabe o número de ocorrências não registradas? Muitos de nossos homens do campo perderam, em áreas rurais, suas vidas na tentativa de resistir. Enquanto isso, governo e Partido têm implementado diretriz sobre diretriz, baixando normas e proibições, mas os impostos continuam sendo empilhados sobre a população camponesa.

Quando examinamos o estilo desses documentos oficiais, notamos que muitos deles se limitam a afirmar princípios ou "espírito". A prática não podia ser impedida por estes princípios, nem as proibições tinham peso de lei. Conseqüentemente, o que era para ser abolido continuou a crescer; o que era para ser modificado continuou funcionando normalmente; o que era para ser reprimido permaneceu incontrolado. A taxação excessiva visada pelas regras e restrições do Partido e do Conselho Estatal é como as cebolinhas do ditado popular: "Quanto mais se poda, mais rápido crescem." Parece que o problema da taxação excessiva dos camponeses se desenvolveu em um círculo vicioso: quanto mais diretrizes proíbem a taxação, mais taxação existe.

Em nossas próprias investigações por cinqüenta condados na província de Anhui, não encontramos um único em que não se negligenciasse o cumprimento das diretivas — isto é, quando elas chegavam a ser consideradas. É pouco provável que esta situação estivesse limitada a Anhui.

Li Changping, o chefe do Partido no condado de Jianli, província de Hubei — que fizera fama alguns anos antes por escrever objetivamente sobre a situação dos camponeses ao Comitê Central —, resumiu a situação atual:

— O Comitê Central do Partido sabe perfeitamente bem que, apesar de os problemas aparecerem no fundo, a raiz encontra-se no topo da liderança. Por que não procurar no topo? Se a cúpula se recusa a cavar a raiz dos problemas, os oficiais locais apenas ficarão mais abusados, a máquina burocrática continuará a crescer, enquanto o fardo dos camponeses ficará cada vez mais pesado. Desta forma, as políticas do Partido seriam como "orelhas para os surdos" no dito popular: "só existem para fazer bonito".

Em 1994, quando os camponeses já estavam sentindo no bolso, o governo decidiu implementar uma reforma nos impostos por meio da qual os tributos nacionais e locais seriam separados em dois sistemas paralelos e a cobrança seria assim descentralizada. Quando o governo central teve controle total do dinheiro arrecadado, os governos locais defrontaram-se com uma crise orçamentária. A receita tendia a crescer para o governo central, enquanto as despesas eram repassadas aos governos locais. Gastos com serviços públicos tais como educação, planejamento familiar, previdência e assim por diante eram todos relegados ao nível local. A nova política estatal implementava o seguinte em relação às receitas: "proibido taxar o superávit; proibido subsidiar o déficit; mais receitas, mais despesas". Contudo, esta política teve o efeito de estimular os oficiais dos condados e distritos a espremerem a economia rural e explorar os camponeses a fim de gerir suas próprias burocracias. O fardo dos camponeses entrou em uma espiral fora de controle.

Segundo estatísticas referentes ao ano de 1995 divulgadas pelo Estado, a tributação de produtos rurais aumentou em 19,9% em relação ao ano anterior; o pagamento de "fundos de reserva" locais para diversas causas cresceu 48,3%, e a quitação de multas, encargos e contribuições para projetos comunitários teve incremento de 52,22%. A carga tributária de um terço da população camponesa em toda a nação ultrapassou de longe 5% de sua renda anual no ano anterior — o limite determinado para a taxação de cada domicílio. Como se popularizou no ditado: "Tantas mãos, para cá e para lá, todas estendidas para dos camponeses cobrar."

Em 1996, o Comitê Central e o Conselho Estatal editaram outro documento conjunto intitulado "Decisão concernindo o alívio da carga dos camponeses", que foi amplamente propagandeado como a "Circular nº 13". Esta circular anunciava medidas disciplinares a serem tomadas contra oficiais de diversos escalões em casos de incidentes graves de extorsão de impostos resultando em morte; de retaliação contra o campesinato por apresentação de queixas; de falha no comunicado destas ocorrências motivadas por tributação abusiva; ou de minimização de danos no caso de tais ocorrências. O Partido requereu que a "Circular nº 13" fosse apresentada a todos os setores do governo e publicada em cada domicílio rural. Ele também demandou uma legislação para supervisionar as medidas tomadas para aliviar o fardo dos camponeses. Para garantir a observação deste documento, uma equipe de inspeção composta por pessoal dos diversos ministérios e da mídia foi mandada para as províncias de Henan, Hunan, Hubei, Anhui e Shanxi para assegurar que a "Circular nº 13" fosse devidamente divulgada e as políticas de alívio implementadas. Estas eram medidas inéditas na execução de políticas do Partido — ainda que precisamente neste período a carga tributária dos camponeses tenha quebrado recordes. De acordo com estatísticas oficiais, de 1991 a 1993 as taxas agrícolas representavam apenas 2,2% da arrecadação nacional de impostos, mas em 1996 — ano em que a "Circular nº 13" foi lançada e implementada — esse número pulou para 5,3%, mais que o dobro dos anos anteriores.

Os números de 1997 não foram melhores. Os preços dos produtos agrícolas caíram abruptamente em Anhui, bem como em todo o país, e junto desabou o índice de crescimento da renda do campesinato. Incrementos na produtividade não trouxeram ganhos comparáveis em rendimentos, mas as taxas, encargos e impostos cobrados pelos governos locais continuaram a crescer. Segundo estatísticas oficiais, a renda média anual de 1994 a 1997 foi de apenas 1,91% maior do que em 1993, mas a carga tributária de 1997 foi de nove vezes a média dos quatro anos anteriores.

Analisando o problema de outro ângulo: durante os primeiros anos da reforma, no começo dos anos 1980, o custo do plantio de um *mu* (aproximadamente 1,5 acre) de terra era de 10 iuanes, e os camponeses pagavam seus impostos automaticamente, sem qualquer aguilhoada dos oficiais locais. Hoje em dia, no entanto, o custo do plantio do mesmo pedaço de terra é de no mínimo 100 iuanes, em alguns casos subindo para 200 e até 300. As cobranças resultantes evidentemente vão além do que os agricultores podem pagar. Para lidar com o problema, as administrações locais enviam "tropas de choque" de coletores de impostos para executar o pagamento. Quando os camponeses não podem comparecer com o dinheiro, as tropas levam embora seus porcos ou subtraem uma peça da mobília ou do maquinário. Quando isso não funciona, a violência é a resposta: espancamentos, prisões, detenções e outras atitudes ditatoriais. A hostilidade entre os camponeses e a administração é crítica. As apelações, petições e protestos se transformaram na ordem do dia. Foi justamente tal situação que desencadeou as prisões em massa na aldeia Gao, quando um comboio fortemente armado da polícia, acompanhado de oficiais, atacou um grupo de camponeses completamente desarmados durante o descanso do meio-dia (vide capítulo 3, "Resumo da 'revolta antitaxas'").

Em 1998, a situação era tão ruim que o Comitê Central e o Conselho Estatal se sentiram obrigados a expedir outra diretriz, instruindo oficiais de todos os níveis a encarar com seriedade as cartas de reclamações e apelos diretos vindos dos camponeses. Eles foram advertidos a ouvir a voz das massas, abafar qualquer problema em potencial logo no início e limitar agitações aos níveis locais. A despeito dessas reiteradas ordens e diretivas, seis violentos incidentes similares à tragédia de Zhang estouraram simultaneamente em seis províncias diferentes naquele mesmo ano.

"É bom ter uma política, mas quem a realizará?"

A reforma chinesa foi testada primeiro na Anhui rural, e muitas pessoas importantes se revelaram através desse grande experimento — gente que estava familiarizada com as condições do campo, que se preocupava com os agricultores e não temia falar abertamente de suas convicções.

Lu Zixiu era assim. No final dos anos 1970, ele se destacou promovendo os chamados "contratos domiciliares", um aspecto importante da reforma econômica aplicada em Anhui.* Quando o conhecemos em um dia de junho de 2001, ele já tinha se licenciado de seu cargo de parlamentar no Congresso do Povo de Anhui, mas nunca deixou de se interessar pelos problemas agrários.

Lu nos contou como foi uma reunião da qual participou certa vez. A liderança provincial de Anhui convocou a reunião da liderança partidária da província e da prefeitura, e a ata do dia era um resumo de como as diretivas do Comitê Central sobre o alívio da carga dos camponeses tinham sido implementadas em toda a província. No encontro, alguns dos presentes começaram a propalar suas próprias histórias de sofrimento, das dificuldades que encontravam em suas áreas de atuação. Lu não gostava do que estava ouvindo. Ele conhecia muito bem essas figuras políticas e não teria escrúpulos de dar-lhes uma lição com sua lábia.

Já que o encontro acontecia na prefeitura de Fuyang, Lu Zixiu começou com o secretário do Partido para esta região. Dirigindo-se a ele sem cerimônia, pelo nome,** começou agressivamente seu interrogatório:

— Você aí, Wang Huaizhong, você responde só aos seus superiores provinciais sentados ali, não? Não responde aos camponeses? Você não dá a mínima para como eles podem sustentar os seus projetos faraônicos? Você se dedica a bolar um condado "leiteiro", mas só as suas "fazendas leiteiras" são enfileiradas ao longo das estradas para serem exibidas! Em um de seus eventos "no local", alugou vagas pelos olhos da cara para fazer uma boa impressão! É assim que você torra o suado dinheirinho dos camponeses?

*Sob o "sistema de contrato de responsabilidade domiciliar", instituído no final dos anos 1970, foi concedido a cada família um lote de terra para cultivo e permitiu-se guardar o que sobrasse após a venda ao Estado de uma determinada proporção do que fora produzido, a preço fixado pelo governo, ou mediante pagamento simples em dinheiro.

**Faltar com o uso do título do secretário do Partido implica uma intimidade imprópria, uma deliberada demonstração de desrespeito.

Antes que o homem pudesse responder, Lu se voltou para o secretário do Partido da prefeitura de Chuzhou:

— E você, Zhang Chunsheng, como trata os subordinados? Conte-nos, como você avalia seu desempenho? Esses brutamontes que extorquem pagamentos e forçam agricultores a cometer suicídio, você simplesmente os transfere para outro lugarzinho mais mole, não é, até que eles consigam voltar com a grana!

Depois ele indagou ao secretário do Partido em Bengbu:

— E você, Fang Yiben, o condado de Huaiyuan está na sua jurisdição. As acusações e queixas se acumulam dia após dia... Você fez alguma coisa quanto a isso? Está tentando ganhar o campeonato de maior número de reclamações de agricultores?

Então, apontou o dedo para o secretário do Partido da prefeitura de Chaohu:

— Hu Jiduo, você está querendo dizer que não consegue pavimentar uma estrada sem extorquir os camponeses? Essa rodovia tem que ser paga pelo Estado! Mas vocês não estão nem aí para ela. Vocês estão é pavimentando crédito para si próprios, para ter a simpatia de seus patrões! Não é mesmo?

De acordo com o relato de Lu, ele fez a volta passando por todos os oficiais presentes à reunião e terminou dizendo:

— Eu quero me dirigir a nossos camaradas: vemos os edifícios, mas ligamos para quem os construiu? Vemos as estradas, mas sabemos quem as pavimentou? Agora, com a reforma, os camponeses mal começaram a ver suas vidas progredirem. Mas na primeira oportunidade nos atiramos sobre eles para levar até seu último centavo! Dêem um descanso a eles, pelo amor de Deus!

Ele lembrou os primeiros anos da reforma agrária:

— Durante o movimento do "arrendamento domiciliar", o princípio em voga era "pague o Estado integralmente, reserve o que for necessário para a coletividade, e o resto é seu". E funcionava! Agora, porém, todas as vantagens do sistema de arrendamento estão desmoronando, tranqüilamente surrupiadas dos camponeses por impostos dos governos em todos os níveis. Os camponeses não têm nenhum direito. Vocês podem fazer o que quiserem com eles. Por que não tentar olhar as coisas do ponto de vista deles?

O secretário do Partido da prefeitura de Liu-An tentou intervir:

— Pelo menos não temos o problema do excesso de impostos...

Antes que as palavras terminassem de sair de sua boca, Lu Zixiu interrompeu:

— Não venha falar de suas taxas: eu tenho um maço de cartas em minha mesa! Seus camponeses mal tinham plantado uma muda na terra e os oficiais locais já estavam batendo em suas portas para tributar a produção!

O complacente secretário do Partido calou a boca.

Durante um intervalo, o secretário provincial do Partido, que estava presidindo a reunião, procurou Lu Zixiu para dizer-lhe reservadamente:

— Muito bem, muito bem...

— Muito bem o cacete — Lu retrucou. — Por que não fala isso abertamente? Eu sou seu matador, faço de olhos abertos, e ponto final!

Dessa maneira, a vívida descrição feita por Lu Zixiu daquele encontro não apenas criou um esboço dos problemas preponderantes na China rural, mas ao mesmo tempo revelou seu próprio temperamento.

Uma anedota sobre Lu Zixiu que ouvimos de outras fontes serve como uma boa ilustração do homem e de seu jeito de ser. Em dado momento de sua carreira, Lu foi secretário do Partido na prefeitura de Chuzhou. Um dia, o diretor do Gabinete Geral do Comitê Central, Wen Jiabao, chegou para uma viagem de inspeção. Lu Zixiu recebeu seu superior com a pergunta:

— O que o senhor quer ver, diretor, a realidade ou a farsa? A situação como é ou maquiada?

O diretor Wen sorriu e disse:

— Vamos dar uma olhada nas duas!

Anos depois, em 1996, em uma conferência nacional sobre a questão da pobreza nas áreas rurais, Wen Jiabao, que estava presidindo o encontro, divisou Lu Zixiu entre os delegados e o chamou.

— Diga-me, qual é o problema crítico na agricultura?

Lu Zixiu foi direto:

— Os oficiais. É bom ter uma política, mas quem a realizará?

Nossa entrevista com Lu Zixiu estava indo muito bem. Quando mencionamos que estávamos fazendo uma pesquisa abrangente do problema do campesinato, ele se abriu ainda mais.

— No passado — disse —, Mao Tsé-Tung disse que "educar o camponês é um sério problema". Eu prefiro afirmar que o problema mais sério hoje é assegurar os interesses dessa classe. Se os interesses dos camponeses são negligenciados, crescimento agrícola, desenvolvimento social e estabilidade política são só palavras vazias.

Ele foi além, citando Lenin:

— Lenin advertia que o "capitalismo está brotando entre nós a todo momento, todo dia". Mas o que há de errado nisso? Não é melhor do que o feudalismo brotando entre nós a cada instante, todos os dias?

Lu resumiu suas concepções com uma frase do imperador Taizong, da dinastia Tang.

— Mais de mil anos atrás, o imperador Taizong disse: "A água sustenta o barco; a água também pode afundar o barco." A água, nesse caso, representa os camponeses. O imperador Taizong percebeu a importância do campesinato. Todas as dinastias compreenderam perfeitamente bem a importância dessa classe, mas, chegando ao poder, elas mudam de atitude e exploram os agricultores, até mesmo os eliminam. Usando a história como espelho, o Partido Comunista Chinês está enfrentando o mesmo problema.

Breve história sobre o fardo dos camponeses da China

A China é um imenso país agrícola com mais de 3 mil anos de história documentada, e os camponeses compõem a esmagadora maioria da população. Portanto, é inevitável que o problema de sua sobrecarga tributária ressurja muitas e muitas vezes a cada dinastia e não desapareça jamais.

Nos primeiros anos da República Popular da China, o governo estava preocupado com o controle da inflação e do desemprego e em preparar o país para a industrialização. Não era possível se ater aos problemas orçamentários das vastas áreas rurais, então não houve interferência quando os governos locais tomaram o controle da situação e impuseram taxas suplementares sobre os impostos agrícolas regulares. Havia um limite fixado para essas cotas extras, é claro, mas, quando a administração local estava precisando de verba, não havia nada que a impedisse de inventar novas desculpas para extorquir os camponeses.

A Guerra da Coréia em 1951 refletiu a tensão desse período, com sanções econômicas das nações do Ocidente sobre a China. Diante da situação em seu próprio território e no exterior, o Partido e o governo não tiveram escolha senão priorizar a industrialização e acumular capital em detrimento do desenvolvimento agrícola.

No decurso de um período de trinta longos anos, o campesinato da China pagou esse pesado ônus. Mas esse fardo foi ocultado, porque o Estado deixou de lidar diretamente com o contribuinte individual. Os 130 milhões de domicílios agrícolas logo se metamorfosearam em 7 milhões de grupos de ajuda mútua, e depois em 790 mil cooperativas agrícolas. O furacão do Grande Salto para a Frente em 1958 mal levou três meses para converter estas cooperativas em 52.781 comunas populares, para a fanfarrice do batuque de tambores e címbalos. Nenhum camponês escapou desta rede.

É impossível fazer justiça à magnitude do sacrifício que os camponeses fizeram no sentido de viabilizar o acúmulo de capital para a industrialização da China. É seguro dizer que o edifício da indústria chinesa está alicerçado na carne e no sangue dos trabalhadores camponeses, e o desenvolvimento urbano pôde apenas ser alcançado através de sua dor e abnegação.

A partir do início dos anos 1950, a coletivização foi promovida à força por medidas políticas e administrativas, sem qualquer espécie de consulta popular. Deste momento em diante, a agricultura — o que se planta e o que se cultiva — foi feita de acordo com ordens superiores. Em 1956, o ano da coletivização, a agricultura declinou sensivelmente — isso era óbvio mesmo antes de a colheita começar. Muitos camponeses simplesmente não queriam participar. A resistência era geral e algumas vezes terminava em protestos maciços ou petições a Pequim. Em alguns casos, os camponeses chegavam a quebrar as cooperativas por iniciativa própria e a redistribuir as terras e grãos. A oposição à coletivização e ao seu reforço acarretou violência de ambos os lados. Camponeses assediavam oficiais nos centros administrativos ou saqueavam gabinetes de segurança. Os oficiais locais, por sua vez, rotulavam as ações dos camponeses como ataques ao Partido e ao socialismo, o que era visto como uma legitimação do uso da força contra eles. Espancamentos e sessões de luta levaram alguns à morte, e outros ao suicídio forçado. Em 1957, o terror do movimento "antidireitista" — no qual meio milhão de pessoas que atenderam à convocação de Mao para "florescer e discutir", expressando suas opiniões, foram enquadradas como "direitistas" e perseguidas impiedosamente — efetivamente varreu os últimos vestígios da resistência camponesa à coletivização.

O Grande Salto para a Frente em 1958 chegou impetuosamente ao campo como um tornado, arrancando os agricultores das cooperativas, ainda abalados pelo recente distúrbio, dispondo-os em unidades coletivas ainda maiores, chamadas comunas populares. Dali em diante, qualquer propriedade que os camponeses possuíssem ou tivessem adquirido através da reforma agrária — terra, animais, implementos, grãos, até objetos pessoais — eram levadas sem indenização. A formação de mais de 50 mil comunas populares era o mesmo que a abertura estatal de 50 mil novas contas bancárias em áreas rurais das quais o governo podia sacar quando bem entendesse: todas as finanças e força de trabalho, entre outros recursos das comunas, estavam à disposição do Estado.

O campesinato da China tinha se tornado o verdadeiro proletariado, não possuindo nada além de suas correntes!

No encalço das comunas populares vinha o experimento da "entrada instantânea no comunismo", que foi aplicado em muitas áreas designadas rurais. De forma a abolir a propriedade privada e adentrar o "comunismo", agricultores tiveram que entregar suas casas para a comuna, bem como armários e baús de roupas. Utensílios de cozinha eram esmagados e atirados em fornalhas para fabricar aço e cumprir a meta de produção do Grande Salto para a Frente. Os agricultores sofreram um duro golpe. Compreensivelmente, perderam toda a motivação para trabalhar. Reduções na velocidade do trabalho se espalharam pela China rural como uma praga, e a produtividade da agricultura caiu drasticamente.

Dados mostram que no ano seguinte à criação das comunas, a produção agrícola desabou 13,4%, mas a retenção de grãos pelo Estado cresceu 14,7% no mesmo período. Em 1960, a queda na produção foi de 15,6%. Apenas 287 bilhões de *jin* (um *jin* é pouco mais de meio quilo) em grãos foram colhidos em toda a China. Mas a compra compulsória pelo Estado cresceu ainda mais. Em alguns casos, sementes para o plantio e a alimentação das famílias tinham que ser entregues em exportações para as cidades, para atender às demandas estatais. A fim de que os números da produção "dessem o salto para a frente", os oficiais locais não tiveram outra escolha senão recorrer a inflacionar os números aos olhos de seus superiores. Peguemos por exemplo o caso do condado de Feixi. Feixi era um condado agrícola de médio porte, mas registrava uma safra de 400 milhões de *jin* na produção de grãos, mais que o dobro da cifra verdadeira. Como os camponeses poderiam sobreviver se a conscrição de grãos é baseada em números fantasiosos como esses? A resposta é evidente — por ora, o problema não era excesso de impostos, mas a morte por inanição. É impossível imaginar quantas vidas foram sacrificadas no altar da comuna. Diz-se que, somente no condado de Fengyang, o número de óbitos foi de 60.245 — 17,7% da população. Duzentas e quarenta famílias inteiras morreram de fome; 27 aldeias desapareceram de vez do mapa do condado, varridas pela morte e pelo êxodo. Na aldeia Xia Huang da comuna Damiao, uma das mais atingidas, o número de mortos foi de 68,6% da população.

Não surpreende que, anos depois, durante a Revolução Cultural, quando muitos camponeses eram encorajados a contar seus sofrimentos na "antiga" sociedade e proclamar as bênçãos da "nova", suas recordações de desventuras derivassem não dos dias pré-Libertação, mas da fome dos anos 1960, o acontecimento mais trágico de que conseguem lembrar. Ainda assim, a versão oficial da história define essa tragédia monstruosa como "resultado de três anos de desastres naturais".

Após esses "desastres naturais" do início dos anos 1960 vieram os dez anos da Revolução Cultural (1966-1976), quando uma crítica ultra-esquerdista ao capitalismo provocou excessos monstruosos. Um camponês seria acusado de "tomar o rumo capitalista" se em seu domicílio criasse duas galinhas ou plantasse algumas verduras para vender. A agricultura estava tão arruinada que, no final da Revolução Cultural, números divulgados de 1977 mostram que um dia de trabalho nas comunas populares valia em média 11 centavos, mal sendo suficiente para comprar um maço dos mais baratos cigarros do mercado rural. Posto de outra forma, em Anhui, bem como em outras províncias, a média de um dia de trabalho não produzia tanto quanto no tempo da dinastia Han, sua correlata de 2 mil anos atrás!

Quando a Revolução Cultural finalmente chegou ao fim, seguindo a morte de Mao em 1976, o sistema de contratos de arrendamento foi aplicado na província de Anhui e provou ser um grande sucesso. A letargia do ano anterior estava desfeita. Era possível ver três gerações de uma família trabalhando juntas sob um desses contratos, almejando uma vida melhor. Essa reforma motivou um crescimento sustentado de 15% na renda per capita de 1978 a 1984. Eram os anos de recuperação. A antiga política de proibição da venda livre de grãos e outros produtos agrícolas foi afrouxada. O monopólio governamental de compra de grãos a preços fixos, em vigor havia quatro décadas, foi gradualmente abolido.

Mas justo quando as restrições diminuíam, a Terceira Sessão Plenária do 12º Congresso Nacional do Partido gerou, em dezembro de 1984, uma grande reviravolta histórica.* Foi anunciada a realização de uma abrangente reforma em áreas urbanas. Sendo assim, o alvo dos esforços contínuos por reformulações na China deixou de ser o campo e se tornou a cidade, e os investimentos seguiram essa tendência. Mais uma vez, o ônus desse gigantesco projeto caiu sobre os ombros dos camponeses.

De forma a simplificar o processo administrativo e garantir a verba dos impostos rurais, o governo converteu as desacreditadas comunas populares em mais de 60 mil distritos administrativos e os revestiu do poder de fixar e coletar impostos.

Uma vez instituído esse degrau, o mais baixo da burocracia do Estado, ele começou inexoravelmente a se expandir. Como no ve-

*O Congresso Nacional do Partido é teoricamente o mais alto corpo do Partido Comunista Chinês (e distinto do Congresso Nacional do Povo).

lho ditado chinês: "Por menor que o pardal venha a ser, nenhuma parte está faltando que alguém possa ver"; ou seja, a administração distrital possuía as seis divisões de seus equivalentes nos mais altos escalões do poder: Partido, governo, Comitê Disciplinar do Partido, Congresso do Povo, Conferência Consultiva do Povo e forças armadas. Mais tarde adicionou-se a isso os análogos "sete secretarias e oito postos": finanças, tributação, segurança pública, indústria e comércio, transportes, saúde pública, controle de safra, tecnologia agrícola, irrigação, controle de sementes, controle de erosão do solo, maquinário agrícola, serviço de veterinária, controle do alimento, pesca e por aí em diante. Desta forma, as escalas da burocracia distrital continuaram a crescer.

O custo de manutenção dessa burocracia crescente cabia evidentemente aos camponeses, sempre na parte mais baixa do complexo. Sua carga tributária, antes oculta pelo mecanismo das comunas populares, agora vinha à tona na forma de impostos.

Seguindo essa "reforma" administrativa, que deixou os agricultores à mercê dos oficiais distritais, o governo central introduziu novas regras concernindo a tributação rural para o bem-estar da comunidade, salários dos oficiais de aldeia, administração dos vilarejos, educação primária e secundária, planejamento familiar, aposentadorias, treinamento de milícia, obras rodoviárias e outros serviços públicos. Esses préstimos, que deveriam ser supridos pelo Estado, estavam agora atirados nas costas dos camponeses, que não tinham voz para opinar sobre a questão.

Sob as implacáveis exigências de fundos para cobrir as despesas administrativas, projetos de geração de verba, cobranças, multas e contribuições alocadas, os camponeses perderam o entusiasmo característico dos primeiros dias da reforma. Wan Li, presidente do Comitê Permanente do Congresso Nacional do Povo, um homem que se destacou ao pressionar pela reforma agrária, disse em uma assembléia no início dos anos 1980:

— Os ganhos dos agricultores não podem ser tomados de volta. Precisamos editar outro documento para estimular o campesinato a prosperar. Senão, eles deixarão de ouvir o Partido.

No entanto, a despeito das advertências de Wan Li, os já magros rendimentos dos trabalhadores rurais nos primeiros tempos da reforma se erodiram ainda mais.

Em 1978, a votação da Terceira Sessão Plenária do 11° Congresso do Partido tinha estabelecido a meta de que 18% do investimento total do Estado seriam para a agricultura. Mas essa cifra nunca foi alcançada. O discurso foi repetido ano após ano, mas, na prática, o Estado deixou que o investimento na agricultura crescesse por conta dos próprios agricultores.

Com a mudança de ênfase da reforma da economia rural para a urbana, a disparidade entre campo e cidade continuou a crescer: o desenvolvimento urbano se dava a galope e o padrão de vida do povo continuou a crescer, enquanto as áreas rurais continuaram estagnadas e atrasadas. Entre 1989 e 1991, quando houve colheitas fortes e o crescimento estava na casa dos dois dígitos, a renda per capita dos camponeses cresceu apenas 2% em média por ano, ainda que não tenha havido crescimento no ano de 1991. Uma segunda fase de desaceleração nos rendimentos ocorreu após 1996, quando a taxa de crescimento da renda média dos agricultores caiu por dois anos seguidos, de 9% a 4% em 1998.

Em dez anos, entre 1990 e 2000, o total de impostos que o Estado arrecadou dos camponeses cresceu cinco vezes, de mais de 8,7 bilhões para mais de 46,5 bilhões de iuanes. Em 2000, a carga tributária dos camponeses chegou a 146 iuanes por cabeça, seis vezes a média dos tributos que incidiam sobre os residentes na cidade, cuja carga era meramente de 37 iuanes per capita. E os habitantes das cidades ainda tinham uma renda média seis vezes maior que a dos camponeses! Isso em si já é uma grave injustiça, mas, além da tributação normal, os camponeses ainda sofriam as extorsões para os fundos de reserva das aldeias e os projetos sociais.

Como vos tributarei? Enumeremos as maneiras

Enquanto percorríamos nosso caminho por algo como cinqüenta condados em dois anos, tentamos obter uma resposta para a pergunta: em quanto são taxados os camponeses? Surpreendentemente, ninguém deu uma resposta definitiva. De forma que tudo o que pudemos fazer foi elaborar uma lista do que conseguimos averiguar.

Segundo estatísticas do departamento governamental de supervisão da carga tributária dos camponeses, existem 93 categorias de taxas e encargos, fundos e reservas, reconhecidos pelo Conselho Estatal e pelos vários ministérios cujas atividades envolvem a economia rural.

Os diversos escalões dos governos locais listam um total de 269 tipos de impostos, mas este número não inclui os pagamentos que os mais baixos níveis da administração acrescentam aos impostos do governo, procedimento literalmente chamado de "pegar uma carona".

E ainda há as invenções locais, que freqüentemente se apresentam como uma inspirada piada de humor negro, mas sem afetar a seriedade mortal com a qual as taxas são cobradas. Ainda que absurdas, elas têm que ser quitadas até o último centavo.

Entre os esquemas de desvio de recursos no campo encontramos:

"Arrecadação de fundos"
Construção do centro administrativo do distrito
Construção do colégio do distrito

Manutenção do website de tecnologia distrital
Construção da clínica ambulatorial do distrito
Construção da emissora distrital de rádio
Construção do cinema do distrito
Fomento aos empreendimentos distritais
Melhoramentos no meio ambiente e combate ao crime no distrito

Taxas administrativas
Reparos nas sedes dos gabinetes
Permissão dos oficiais locais para viagens a passeio e a negócios
Atividades do Partido na aldeia e da juventude comunista
Congresso distrital e Congresso do Povo

Proventos de funcionários públicos improdutivos
Secretário do Partido
Chefe da aldeia (presidente do comitê da aldeia)
Presidente do comitê feminino da aldeia
Líderes sindicais da aldeia
Capitão da milícia da aldeia
Membro do comitê da aldeia para segurança
Secretário da juventude comunista da aldeia
Veterinário
Radialista
Técnico agrícola
Guarda-florestal
Guarda de encostas
Entregador de jornal
Gari
Eletricista
Bombeiro hidráulico
Carpinteiro
Pedreiro

Despesas na área de educação
Salário dos professores das escolas da aldeia
Proventos de professores de escolas públicas
Reformas no prédio da escola
Despesas de gabinete
Compra de livros, jornais e outros materiais
Compra de material escolar
Compra de artigos esportivos

Projeto de controle de natalidade da aldeia
Benefício para as famílias com filho-único
Auxílio-alimentação para intervenções cirúrgicas pós-aborto
Proventos para membros do comitê de controle de natalidade da aldeia
Proventos do líder da comissão do projeto de controle de natalidade da aldeia

Treinamento de milícia
Custos com víveres durante o treinamento
Compensação por perda de horas de trabalho durante o treinamento
Adicional por salvaguarda de armas e munição

Serviços sociais
Construção da casa dos idosos da aldeia
Proventos para os servidores desta casa
Plano de saúde coletiva
Proventos para servidores da saúde
Tratamento preferencial para sobreviventes de mártires revolucionários e militares reformados
Tratamento preferencial para veteranos deficientes
Tratamento preferencial para familiares de militares na ativa

Tratamento preferencial para trabalhadores feridos em acidentes de trabalho
Tratamento preferencial para famílias em estado de penúria
Tratamento preferencial para idosos que perderam suas famílias

Além destes itens enumerados formalmente, outros incontáveis pagamentos são arrancados dos camponeses no calor do momento para propósitos tais como "construir uma aldeia civilizada", alargar a rua para construir um mercado, desenhar a planta de uma casa, obter permissão para construir uma casa particular, inspeção de sementes, obtenção de vacinas para aves domésticas, posse de cochos para animais domésticos, ligação de cabos elétricos, eliminação de ratos, compra de walkie-talkies e motos para a polícia local, encomenda de uniformes para oficiais locais... e assim por diante.

Para crianças em idade escolar, além do custo do ensino regular, há "doações" forçadas para apoiar a educação, taxas de ensino, taxa do custo do exame de documentação, taxa pela compra de material escolar, taxa pela compra de vassouras para a limpeza das salas.

Se você é empreendedor a ponto de ter um porco, terá que pagar a taxa por "porco vivo", a taxa de abate do porco, a taxa de "ganho de capital", imposto de renda e taxa para manutenção do distrito. Em algumas áreas, você é taxado por ter um porco, quer o tenha ou não.

O mais revoltante caso de impostos "extravagantes" com que nos deparamos foram as taxas cobradas para se casar em um certo distrito. O afortunado casal tem que arcar com o custo da certidão de casamento — do papel no qual é impressa. Depois há taxas pela autorização (providas por uma unidade de trabalho ou pelo comitê da aldeia, certificando identidade e idade dos pretendentes); notário; exame médico pré-nupcial (presumivelmente atestando doença contagiosa); e uma taxa por exame médico completo para a noiva. Depois dessas preliminares, há um depósito de comprometimento a ter uma família de filho-único, outro em sinal de compromisso com o planejamento familiar, e mais um como demonstração de dever com uma gravidez tardia. Depois que a parte do controle de natalidade está resolvida, há um depósito de comprometimento à "devoção mútua" e outro por um "casamento de ouro". Além desses depósitos, há um imposto pelo banquete nupcial, uma taxa pelo abate do porco, um imposto "ecológico" por danos ao meio ambiente relacionados ao banquete e, finalmente, uma doação para o "Núcleo da Criança Feliz".

O melhor exemplo de desculpa para aplicar novos impostos é o imposto sobre a atividade de cozinhar. Desde que o governo promulgou a "Lei de Proteção Ambiental" nacional, oficiais de algumas áreas inventaram o "imposto de emissão de lixo tóxico", atirado sobre os camponeses por causa da comida preparada em casa.

Finalmente, há uma taxa para garantir que todos os impostos serão prontamente pagos, e essa se chama a "taxa de atitude". Se você ousar desafiar ou resistir ao coletor que vier bater à sua porta, você é qualificado com o rótulo de "má atitude", e isso acarreta uma taxa extra.

O governo central e suas várias instituições lucram através dos impostos arrancados dos camponeses. As diretrizes, ordens e regulamentos do Conselho Estatal nada mais são que pedaços de papel passados de mão em mão pelos diversos níveis do governo — mas são apenas papéis para serem lidos. Não importa como essas ordens são elaboradas, sempre há uma maneira de burlá-las Tome-se como exemplo a política de controle de natalidade. Uma vez nas mãos dos oficiais das aldeias, a mesmíssima política poderia se transformar diretamente numa prática bárbara. Um dos "preceitos" pelos quais os oficiais são guiados é: "Não salve da água, não tire a garrafa, não corte a corda." Essa sombria regra significa que é mais importante aplicar a política do filho-único do que salvar as vidas das pessoas que resistem a ela ameaçando suicídio por afogamento, pela ingestão de veneno ou por enforcamento. A realidade é que descobriram que a autoridade para implementar a política do filho-único investida neles se transformara em uma verdadeira mina de ouro. Soube-se que, em uma única aldeia no condado Suixi, uma equipe de controle de natalidade aplicou mais de 3 milhões de iuanes em multas durante um mês de "inspeções". Foi substituída por multas a aplicação da política do filho-único e de seus diversos "preceitos", escancarando desta forma a porta para a natalidade sem limites, desde que as famílias pudessem pagar. Como resultado, chegou a 100 mil o número de bebês não-planejados apenas naquele condado. (O vice-presidente do Congresso do Povo de Anhui nos deu esta informação, relativa aos anos 1990.)

Deparamos-nos também com um bizarro caso judicial no condado de Lixin. Três oficiais do distrito de Sunmiao — Yuan Zhidong, Li Peng e Lin Ming — mantiveram um "centro de educação do povo" clandestino de dezembro de 1998 até que o esquema foi descoberto, no verão de 1999. Durante este período de seis meses, equipados com furgões e valendo-se de mercenários contratados para fazer o trabalho sujo, esses oficiais prenderam e mantiveram em cárcere ilegal mais de duzentas pessoas de 22 aldeias do distrito, sob acusação de violação da política do filho-único ou obstrução de assuntos oficiais, ou mesmo sem qualquer motivo. Os infelizes aldeões eram mantidos em três recintos num local secreto. As janelas eram tapadas e não havia entrada de luz. As pessoas eram obrigadas a ficar na escuridão — comer, dormir e se aliviar dentro do mesmo ambiente insuportavelmente sujo e malcheiroso — sem saber se era dia ou noite. Três idosas — sra. Diao, sra. Wang e sra. Xiao — foram levadas com o pretexto de que suas noras tinham perdido o período obrigatório para o exame de gravidez. Uma jovem, Li Ying, tivera complicações durante o parto. Ela foi levada às pressas do distrito para o hospital do condado para ser operada e foi presa por não dar à luz no "lugar adequado". A sra. Qiu foi detida por ficar grávida logo depois do casamento em lugar de esperar por sua vez, de acordo com o sistema de cotas,* enquanto outra jovem, sra. Luo, estava cuidando dos filhos de sua tia e foi presa por engano. A jovem sra. Zhou tinha ido para a clínica do distrito para fazer um aborto e foi seqüestrada pelos três mercenários por três dias sem qualquer explicação. Mais ultrajante foi o caso de uma moça, Ma Yin, que concebeu sem prévia permissão. Enquanto presa ela entrou em trabalho de parto e teve que dar à luz em circunstâncias pavorosas. Quando o pai dela e sua irmã mais jovem acorreram ao lugar do cativeiro para ajudá-la, eles foram mantidos reféns antes que ela fosse solta com o filho recém-nascido.

Tais procedimentos ilegais eram praticados com um único fim: extorquir dinheiro.

Ru Zipei, da aldeia Shuangmiao, tinha estado a trabalho na cidade grande por muitos anos e suspeitava-se que fizera uma pequena fortuna. Ele se tornou um alvo principal e foi um dos primeiros a ser detido. Depois de 18 torturantes dias no quarto escuro, ele entregou 8 mil iuanes e foi imediatamente solto. Um trio de jovens, todos com sobrenome Zhou, que também tinham trabalhado na cidade, foram levados juntos no mesmo dia, no início de janeiro. Passados cinco dias de detenção, os três pagaram conjuntamente 10 mil iuanes em dinheiro e foram liberados. Mas um homem mais velho, Ma Yuerong, do vilarejo Ruzhai, havia pouco tivera a casa destruída pelo fogo e estava sem condições de apresentar qualquer dinheiro. Ele ficou 170 dias preso e, quando finalmente o soltaram, ele tinha começado a ficar surdo. O condado de Lixin foi classificado como pobre pelo governo, e muitas vidas de camponeses foram

*Cotas de natalidade eram distribuídas segundo um plano central e os casais tinham que esperar por uma permissão antes de conceber um bebê. Essas cotas não existem mais.

destruídas pelas implacáveis multas. Alguns tiveram que tomar empréstimos, outros venderam suas casas ou o que quer que possuíssem e ficaram sem nada.

Os aldeões ficaram muito decepcionados com a branda punição dada aos malfeitores. Além de manter o ilegal "centro de educação do povo", esses três tratantes tinham dado falso testemunho, desviado recursos públicos, ajudado seus superiores a praticar peculato e cometido muitas outras infrações à lei. Mas os três pegaram sentenças leves de um a três anos, com condicional. Suas ofensas vis tinham sido cometidas debaixo dos narizes da liderança distrital por um longo tempo e provocaram uma comoção pública de grandes proporções quando expostas, mas nem assim um único oficial assumiu qualquer responsabilidade pela desgraça. O povo ficou tremendamente desiludido.

O departamento anticorrupção da aldeia

Como não tinham um canal para transmitir suas queixas e freqüentemente sofriam retaliações caso se pronunciassem, os camponeses historicamente sacrificados em geral recorriam a outros meios para protestar, demonstrando, às vezes, uma grande ingenuidade.

Isso aconteceu certa vez na aldeia Dongliu, no distrito de Fengmiao, condado de Lingbi. O chefe local do Partido, Shi Hua, encasquetou de recolher impostos. Para garantir submissão, Shi destacou um oficial da administração distrital para dar uma ajuda e também alguns mercenários para fazer o trabalho sujo.

Viajando de trator, o grupo foi primeiro à aldeia Gao.

Quando Gao Chuanming revelou que não poderia pagar a taxa, a gangue seguiu o procedimento de praxe: saqueou o depósito de grãos da família.

Depois disso, foram em direção ao próximo alvo, mas neste momento toda a aldeia tinha sido alertada e vinha em socorro da vítima. Os dois lados se confrontaram, e os aldeões empurraram o trator inimigo para um açude das redondezas. O proprietário do trator implorou para que poupassem sua máquina — tinha sido cedida apenas para a ocasião, explicou, tentando afastar-se da corja de sanguessugas. Desta forma, o trator acabou sendo poupado.

Vendo que a população estava revoltada, os coletores de taxa decidiram recuar. Em sua precipitação, acabaram indo parar na residência de Zhang Jidong. Os aldeões perseguiram-nos até dentro da casa, exigindo explicações:

— Vocês se consideram comunistas?

— Vocês têm consciência?

— Como vamos viver se isso continuar?

Face a face com a multidão, os coletores de impostos se desculparam a torto e a direito, dizendo que estavam agindo de acordo com ordens. De qualquer modo, alguns pedidos de desculpas não eram o bastante e a situação ficou tensa. Foi então que um dos malfeitores recuou, prometendo que levariam ao conhecimento de seus superiores no distrito as reclamações do povo, fazendo com que o tumulto gradualmente cessasse.

Zhang Jidong, outrora um ativista dos direitos dos agricultores, não confiou em nenhuma das promessas feitas pelo grupo. Ele conhecia todos bem demais. Tendo sido humilhados, eles certamente retaliariam mais tarde. Se os aldeões não tivessem impedido vigorosamente, suas reservas de grãos teriam sido pilhadas naquele dia. Ele tinha certeza de que iriam pagar caro por seu embate com a equipe de coleta de impostos. Ele rangeu os dentes e tirou do bolso uma nota de 100 iuanes, amassando-a na mão do líder do bando e dizendo:

— Isto é lamentável, estou muito constrangido. Só uma coisinha para comprar alguns maços de cigarros e acalmar seus homens.

A vida anda cada vez mais dura, e os aldeões estão muito ressentidos com certas coisas. Espero que você não leve para o lado pessoal...

As coisas se deram exatamente como Zhang Jidong temia. Não muito depois, os militares do distrito vieram com força total, liderados pelo capitão Liu Huanchang. Ele reuniu um efetivo de trezentos homens convocados em dez aldeias da região para compor o grupo de coleta de impostos. No comando do grupo estava a guarda uniformizada do distrito portando cacetetes, com algemas balançando na cintura. Eles tinham a retaguarda coberta com guardas de vários povoados, todos camuflados. Eles procederam nas aldeias como se estivessem penetrando em território inimigo, com as faces vincadas em empedernida determinação, como uma esdrúxula cópia de um pelotão dos soldados invasores de outrora. No rastro desse ataque formidavelmente armado seguia um cortejo de chefes de aldeia em dois tratores e 17 triciclos motorizados.

Por onde deveriam começar? O povo da aldeia Wangyang era decididamente contra o pagamento de impostos extorsivos e se uniu com firmeza para resistir. Sendo assim, foi decidido que seria precisamente em Wangyang que deveriam iniciar. Os aldeões estavam dispersos nos campos ou trabalhando na separação dos grãos, mas imediatamente acorreram de volta à aldeia quando tiveram notícia da chegada dos invasores. A primeira coisa que a equipe de confisco fez foi fechar todas as saídas do local. Então, ocuparam propriamente o terreno e a ação começou para valer. Eles avançaram sobre os armazéns de Lu Shuji, levando embora 1.600 *jin* em grãos. Depois foram aos depósitos de dois outros camponeses, Wang Ruxiu e Wang Shuwei. Cada um foi roubado em mais de quatrocentos *jin* de grãos. Em seguida, os coletores de impostos confiscaram 200 iuanes de Wang Shiming, que ele economizara para comprar fertilizante para suas plantações de milho e algodão. Ao longo do processo de confisco de grãos e extorsão de dinheiro, foram agredidos e feridos dois aldeões, Song e Cao.

Por feliz, ou infeliz, coincidência, um homem de negócios de Taiwan, Wang Yingqiu, que nascera em Wangyang, tinha enviado um representante para fazer uma avaliação das condições da área em que nascera para futuros investimentos em manufaturas. Esse representante foi surpreendido no meio da violência do confisco. Ele tentou tirar fotografias da cena com sua máquina fotográfica e levou ele próprio algumas pancadas. Quando o incidente foi relatado para o empresário taiwanês, pode-se imaginar o resultado. Foi o fim da esperança de um nativo de ajudar a levar algum desenvolvimento à sua terra natal.

Tendo sofrido demasiadamente nas mãos do esquadrão coletor de impostos, naquele dia a aldeia Wangyang explodiu como um vulcão. Os aldeões pegaram suas enxadas, pás, foices e rastelos. Alguém gritou:

— Até os cães pulam o muro quando são provocados. Somos homens, ora!

A multidão rugiu:

— Vamos pegá-los! É agir ou morrer!

Quando os guardas da segurança da aldeia entre os invasores viram seus companheiros correndo em sua direção, deram meia-volta e fugiram. Logo havia apenas uns poucos oficiais do distrito e da aldeia defendendo o terreno, o grosso da equipe tendo se espalhado com o vento.

Ocorre que o rio Huai estava em maré cheia e tinha no mínimo 100 metros de largura. Alguns dos oficiais distritais, vendo os aldeões furiosos no seu encalço, fugiram através do rio, nadando desesperadamente até o outro lado. Outros, sendo "patos terrestres", por assim dizer, não puderam senão se esconder nas plantações de soja dos campos da região, ou mesmo atrás das casas dos camponeses.

Os escandalosos acontecimentos nas aldeias Gao e Wangyang, onde os estoques de grãos dos agricultores foram saqueados e a população espancada, tornaram-se amplamente conhecidos, e os povoados vizinhos maquinaram formas engenhosas de defesa. Tomemos, por exemplo, a população do distrito de Huangyu no condado de Si. Em uma das maiores aldeias do condado, as pessoas reviveram a antiga tradição dos tempos de guerra, quando mandavam sinais acendendo fogueiras em torres ou enfeitando uma árvore de modo que ela servisse de aviso. Em uma aldeia em particular, com centenas de casas, os aldeões inventaram um sinal particular secreto: quando a equipe de confisco era vista vindo pelo lado oeste da aldeia, os moradores deste lado batucavam nos gongos em sinal de alerta. Se os invasores viessem do leste, os habitantes desta parte apitavam. Os aldeões podiam desta forma saber pelos diferentes sinais de que extremo da aldeia o inimigo estava se aproximando. Por acordo coletivo, ao sinal todos deveriam parar o que quer que estivessem fazendo, armar-se e ir para o limite leste ou oeste da aldeia para defendê-la. Ninguém estava isento: mesmo mulheres cozinhando deveriam botar de lado o que estavam fazendo, apagar o fogo, apanhar alguma coisa para usar como arma e partir para a briga.

O veterinário da aldeia, Gao Chuanmin, era freqüentemente solicitado a examinar animais envenenados. Nove vezes em dez, ele sabia só de olhar se era o caso de um animal que pertencia a um oficial sendo punido pelos crimes de seu dono. Ele chamava isso de "doença oficial".

Um ditado comum, que era muito repetido pelo povo da aldeia, dizia: "Enfileire os oficiais e fuzile todos; pode ser que haja alguns inocentes entre os mortos. Enfileire os oficiais e fuzile todos os outros; deve haver alguns culpados entre os vivos."

Quando soubemos pela primeira vez de um "departamento anticorrupção" e de um "chefe de departamento" autonomeado, ficamos intrigados. Existem departamentos anticorrupção e antipropina, mas como poderia haver um "departamento" como este na aldeia? Decidimos investigar.

Essa curiosa agência anticorrupção ficava na aldeia Zhang Dayu, no distrito de Wugou, condado de Suixi, na distante margem norte do rio Huai. Tomamos o trem e depois um carro até a sede distrital de Suixi. Era uma data próxima ao ano-novo chinês e o trânsito era intenso. De Suixi saía um ônibus para as aldeias. A rota do coletivo atravessava 120 *li*, cerca de 60 quilômetros, para chegar ao distrito de Wugou. De lá até as aldeias tivemos que andar por uma planície que se estendia até onde a vista alcançava. Telhados e árvores com galhos desfolhados se expunham completamente perante nós, pontilhando esparsamente a desolada paisagem.

Era um lugar abandonado por Deus, no qual os moradores mal sobreviviam com "os céus acima e o imperador além". Sem transporte nem comunicação, a área era bastante atrasada e economicamente subdesenvolvida. Mas os impostos sobre os camponeses eram ainda maiores que em muitos outros lugares — 250 iuanes por pessoa. Tomemos a aldeia Zhangying, por exemplo. Essa aldeia era na verdade controlada em conjunto por um homem e seu sobrinho, um sendo o chefe do Partido e o outro o da aldeia. Estes dois espertalhões não apenas impunham multas a seu bel-prazer, mas monopolizavam a venda de sementes, fertilizantes, pesticidas e outros implementos agrícolas, vendendo a preços altos produtos de baixa qualidade. As pessoas foram ao distrito para reclamar, mas este apenas deu de ombros para o problema. Quando a liderança da aldeia decidiu que toda família deveria plantar 180 *mu* de amoras, a dupla tio-sobrinho monopolizou o suprimento de mudas de amoreira. Por mais de 10 *fen* cada, quantas mudas teriam os aldeões que comprar para cobrir um *mu* de terra, e de quantas mudas eles precisariam para completar a cota obrigatória de 180 *mu* de amoreiras? Nenhum deles queria participar, mas o chefe do Partido baixou a lei: pode-se plantar ou se recusar a fazê-lo, mas é obrigatório pagar sua parte de qualquer maneira! Tempos depois, todas as mudas de amoreira morreram e prestavam apenas para fazer lenha, mas mesmo assim o pagamento pelas mudas foi impingido. Na aldeia Shaoying, quando a colheita começou, os agricultores queriam vender seus grãos por conta própria, mas a dupla não permitiu: todos os grãos deveriam ser comercializados através da aldeia — isto é, através deles. O resultado foi um prejuízo de milhares de iuanes para os camponeses. O povo de Zhangying estava farto. Eles foram ao distrito, mas tudo o que obtiveram por seu transtorno foram as pigarreadas de embaraço da liderança. O distrito de Wugou gradualmente afundou no completo caos. Dos 29 vilarejos, 22 simplesmente se recusaram a pagar impostos ou contribuir com cereais. Metade dos oficiais foi verbal ou fisicamente agredida por agricultores irados. A animosidade estava tão difundida que muitos deles não tinham coragem sequer de dar as caras em público.

Nestas circunstâncias surgiu Yan Xueli, da aldeia Zhang Dayu, no mesmo distrito, que se destacou organizando um "departamento anticorrupção". A aldeia de Zhang Dayu, com uma população de cerca de trezentas pessoas, era dividida entre a aldeia dos fundos e a da frente. Durante a fome dos anos 1960, a população de trezentos minguou para 130 pessoas, com 970 *mu* de terras cultiváveis. Depois de quarenta anos, a população voltou a crescer, chegando a 330 almas, com a mesma porção de terra. Mas com a invasão de construções sem planejamento, a terra mais tarde encolheu para meros 870 *mu*. Não havia empreendimentos de qualquer espécie na aldeia. Exceto por alguns trabalhadores que haviam migrado para a cidade, os aldeões passavam os dias tirando seu sustento do solo. A vida era dura para todos e ainda mais para os camponeses da parte de trás da aldeia, que foi de onde veio Yan Xueli.

Yan Xueli foi um líder da equipe de produção desde os tempos da reforma agrária no começo dos anos 1950 e se manteve nessa posição por 35 anos, parando somente por causa da idade. O povo da aldeia continuou a chamá-lo de Líder de Equipe Yan, como fizera por 35 anos. Ninguém se lembrava qual era seu nome completo.

Quando perguntamos pelo povoado onde encontrar Yan Xueli, ninguém sabia de quem estávamos falando, até que uma menininha de repente falou num impulso:

— Vocês estão perguntando pelo chefe Yan?

Durante seus anos como líder da equipe de produção na aldeia, Yan nunca tirou vantagem de sua posição para ameaçar as pessoas ou obter vantagem pessoal de qualquer espécie. Pelo contrário, ele estava sempre pronto a dar uma mão amiga para seus companheiros e nunca se intimidava ao expor suas opiniões para seus superiores, então as pessoas recorriam a ele mesmo depois que se aposentara. Yan estava enojado com a prevalecente corrupção nos meios oficiais. Tolerava ainda menos a exploração dos camponeses na forma de multas, impostos e coisas do gênero. À medida que as coisas iam de mal a pior, ele decidiu fazer algo sobre o assunto.

— Danem-se — ele anunciou um dia —, vamos organizar um departamento anticorrupção e dar um jeito nas finanças desses filhos-da-mãe.

Por acaso, o secretário do comitê do Partido do distrito de Wugou era ninguém menos que o tio por parte de mãe de sua nora mais velha. Yan Xueli concluiu que, considerando seu parentesco, o secretário do Partido seguramente o apoiaria no exame das contas dos oficiais locais, especialmente porque o alívio da carga tributária dos camponeses era uma das maiores preocupações do Comitê Central. Yan decidiu ir ao distrito para procurar o secretário distrital do Partido, levando consigo um grupo de aldeões.

O secretário de Wugou lidara havia pouco com um grupo de agricultores e não estava exatamente no clima de receber a visita de um parente com um bando de aldeões a reboque.

— Algo que eu possa fazer por vocês? — perguntou.

O grupo de camponeses atrás de Yan o deixava nervoso.

— Claro — Yan respondeu. — Por que mais me intrometeria diante de sua alteza?

O secretário disparou de volta:

— Então você está por aqui para causar confusão, como os outros?

Yan não gostou do tom e replicou:

— Você chama isso de causar confusão?

O secretário do Partido perguntou:

— Então você acha que o distrito de Wugou está muito calmo para o seu gosto? Precisa de um pouco de agitação, é isto que você pensa?

Yan tentou controlar sua raiva crescente enquanto respondia:

— Eu não estou aqui para promover baderna. Não quero agitar coisa alguma. Tudo o que esperamos é discutir com o senhor a questão da carga tributária dos camponeses.

O secretário sentia que sua cabeça iria explodir se ouvisse uma palavra mais a respeito da carga tributária dos camponeses. Ele exigiu:

— Vamos logo com isso, o que é que vocês querem?

Todos os camponeses do grupo de Yan começaram a falar disso e daquilo, reclamando dos oficiais de suas próprias aldeias e dos altos impostos.

O secretário do Partido se controlou, sentindo que tinha que manter o decoro de uma autoridade na frente de agricultores, ainda que estivesse bastante irritado com seu parente por ter trazido consigo aquela multidão.

Depois de ouvi-los, ele gesticulou para o grupo ir embora:

— Tudo bem, podem ir para casa agora.

Yan estava decepcionado.

— Então você não nos apóia? — perguntou.

O secretário do Partido tinha que salvar as aparências para Yan diante de tantas pessoas, então conteve a língua.* Mas Yan, sem noção dos limites, insistiu na pergunta.

*Aqui, diante de uma multidão, Yan Xueli colocou o secretário do Partido em maus lençóis e este repeliu suas demandas. Cada um fez a máscara do outro cair.

— Os oficiais de aldeia estão ameaçando as pessoas e sugando seu sangue. Vocês do distrito não podem assumir alguma responsabilidade?

Isso era mais do que o secretário do Partido podia suportar. Ele se levantou de sua mesa e ordenou, alto e bom som:

— Saiam imediatamente!

Yan Xueli ficou chocado por seu parente humilhá-lo na frente de tantas pessoas. Em sua raiva, ele retrucou:

— Você não precisa levantar a voz comigo, seu secretariozinho de distrito. Se esta é a sua atitude, parece que não tenho outra escolha além de organizar um departamento anticorrupção e me tornar o chefe dele!

— O quê? Departamento anticorrupção?

Era a vez do secretário ficar chocado.

— Anticorrupção! Contra a propina! Contra o excesso de impostos!

Dito isso, Yan Xueli virou-se e marchou para fora do recinto.

A notícia de que Yan Xueli, da aldeia Zhang Dayu, organizaria um departamento anticorrupção e se nomearia chefe se espalhou rapidamente. Os rumores chegaram aos ouvidos das lideranças do condado e do município. Os condados de Suixi e de Huaibei logo souberam da situação crítica no distrito de Wugou — da resistência aos impostos se espalhando pelas aldeias.

As lideranças do condado e do município reavaliaram o quadro e tomaram uma decisão. Ocorria que a administração distrital em vigor na época estava perto do fim do mandato e novas eleições aconteceriam em breve. A liderança municipal designou quatro homens competentes de sua reserva de talentos e, esperando rejuvenescer a liderança distrital, recomendaram-nos como candidatos para os cargos de líder e vice-líder da administração distrital de Wugou.

Para surpresa do governo municipal, todos os seus quatro candidatos fracassaram. Eles foram derrotados por um esquema fraudulento cuidadosamente arquitetado.

O Congresso do Povo distrital consistia em 63 delegados, que elegeriam através do voto uma nova administração. Desses delegados, 58 haviam vendido seus votos por presentes ou suborno em 145 diferentes ocasiões. Entre eles estavam o subsecretário distrital do comitê do Partido no condado, o vice-líder distrital, o secretário do Comitê Disciplinar do Partido no distrito, o secretário e chefe de propaganda da juventude comunista local e os chefes regionais das forças armadas, dos gabinetes gerais do Partido e da administração, do Comitê de Educação, da liga feminina, da cooperativa, do Comitê de Controle de Natalidade, do banco, do judiciário, da fazenda, do escritório distrital de tributos, do escritório de comércio e negócios, do armazenamento, do posto de economia agrícola, da clínica, bem como outros oficiais constantes na folha de pagamento do governo distrital. Entre os que deram dinheiro ou vinho e cigarros para comprar os votos dos delegados estavam o presidente do Congresso Popular do distrito, o vice-líder distrital, um delegado do Congresso do Povo municipal, bem como manda-chuvas do Partido e chefes administrativos das aldeias sob a jurisdição distrital.

Nunca se ouviu falar de algo assim na história da República Popular.

Que um número tão grande de delegados "do povo" pudesse se vender por pacotes de cigarros ou garrafas de vinho não era apenas repugnante, mas também levantava questões sobre o sistema pelo qual eles haviam se tornado delegados. Esses representantes não faziam caso sobre quem era eleito para a liderança distrital, isso não fazia a menor diferença em suas vidas.

Entre as pessoas que compraram votos para se eleger a cargos distritais, o caso de um motorista do gabinete da segurança do distrito era o mais incrível. Ele era apenas um trabalhador temporário, mas com a ajuda de 41 caixas de cigarros e 1.600 iuanes em dinheiro, ele conseguiu comprar votos suficientes para se eleger suplente da chefia da administração distrital!

O escândalo eleitoral foi a gota d'água, expondo o caos purulento no distrito de Wugou. O plano bem-intencionado dos líderes de Huaibei para repor o grupo de liderança distrital com seus próprios candidatos de confiança, a fim de lidar com o problema, foi frustrado. Quando o secretário do Partido em Huaibei soube do escândalo, ele suspirou ao dizer:

— Está mais do que na hora de encarar de forma direta os problemas em Wugou.

O condado de Suixi foi instruído a mandar uma equipe de investigação conjunta, e a cidade de Huaibei destacou um grupo de apoio de cem pessoas para ajudar os camponeses a se reerguerem. O secretário do Partido em Huaibei se integrou à equipe de apoio e ficou nos lares mais pobres, estudando a situação e ouvindo o que as pessoas tinham a dizer.

Quantos quepes para esmagar um pobre e surrado chapéu de palha?

Nós conversamos com um oficial aposentado do departamento de irrigação do condado de Shucheng, chamado Li Shaobai. Quando jovem, Li se destacou apoiando o lado comunista durante a guerra civil e foi honrado com o título de "Modelo de Apoio na Retaguarda".* Quando a República Popular foi fundada, ele foi o primeiro líder do distrito escolhido democraticamente dentro da jurisdição do condado. Ele até hoje se anima ao lembrar aqueles tempos decisivos do começo dos anos 1950. Havia centenas de coisas esperan-

*Pessoas que arriscaram suas vidas para apoiar o Partido Comunista durante a guerra civil freqüentemente eram recompensadas com títulos honoríficos como este.

do para serem resolvidas, mas apenas uns poucos oficiais para dividir as tarefas. O condado de Shucheng organizou escritórios para assuntos públicos, economia, educação e desenvolvimento, com cerca de cinco pessoas administrando cada um. Todos os oficiais do governo do condado e do comitê do Partido comiam no refeitório do lugar. Algumas mesas eram suficientes para acomodar a todos. Naquela época, a administração distrital consistia apenas no chefe do distrito, um diretor político, um secretário e alguém para cuidar das contas.

Mesmo com uma equipe pequena e uma enorme carga de trabalho, as coisas no distrito corriam muito tranqüilamente, graças a um animado espírito de cooperação. Quando os distritos aumentaram, em 1956, o número de oficiais trabalhando no nível administrativo de organização partidária não mudou. A equipe ainda era composta do secretário do Partido, de seu vice e dos chefes dos departamentos de organização e propaganda. Quanto às outras organizações, havia os líderes da ala jovem, da liga feminina, dos militares e da associação de agricultores, mais ou menos seis ou sete pessoas ao todo. Na parte administrativa, havia o chefe distrital e seu vice, com alguns comitês, cada um com seu próprio secretário e oficiais para assuntos públicos, economia, produção, defesa, segurança, agricultura, indústria e comércio e assim por diante, nunca mais de seis ou sete pessoas.

Em uma ordem de 1952 com que nos deparamos durante nossas investigações, o Comitê Central fixou normas claras limitando em apenas três o número de funcionários em áreas produtivas no nível distrital. Mais tarde, quando a escala do distrito aumentou, os membros dos comitês recém-criados eram voluntários em sua maioria. Então, dos anos 1950 ao começo dos 1980, os salários do funcionalismo e as despesas da administração distrital eram pagos com o orçamento do condado. O distrito não tinha prerrogativa de criar burocracias novas ou contratar funcionários. Mais tarde, começando em 1958, os distritos estavam ultrapassados e foram amplamente substituídos por uma nova entidade, a comuna popular, que fundia as funções política e administrativa em apenas uma. O pessoal no comando era composto pelo secretário do Partido, o chefe da comuna, alguns funcionários substitutos e os líderes da milícia, da ala jovem e da liga feminina. Outras funções eram levadas por funcionários autônomos como o zelador do maquinário agrícola, o veterinário, o zelador de irrigação, o promotor de técnicas agrícolas, o guarda-florestal, entre outros. A administração agrícola ainda era razoavelmente simples nas comunas populares.

Quando a reforma dos anos 1980 foi aplicada nas áreas agrícolas e as comunas populares foram dissolvidas e transformadas em administrações distritais, 56 mil comunas populares viraram 92 mil distritos. Segundo esta mudança organizacional, a natureza coletiva das comunas populares foi abandonada. A expansão dos recém-criados distritos pesou enormemente na carga de tributos dos camponeses. Isso aconteceu porque os distritos passaram a ter seu próprio orçamento. O Estado permitiu que os distritos cuidassem de suas próprias contas. Impostos e taxas administrativas pagas pelos empreendimentos, doações e fundos para projetos distritais, bem como outras fontes de renda de outras taxas e pagamentos, passavam agora pelo distrito. Isso abriu a porta para um crescimento ilimitado da burocracia e a proliferação de taxas, pagamentos e extorsões sob os mais variados pretextos. A tendência de deixar as esferas de governo mais baixas administrarem seu próprio orçamento cresceu, o princípio em voga era "dividir poder e permitir ganhos". Gradualmente, as barreiras administrativas foram se desenvolvendo entre os vários níveis do governo e entre os diferentes departamentos à medida que o governo se tornava mais burocratizado e os círculos de interesse cresciam. Aqueles que trabalhavam em meio a essa proliferação de departamentos do governo perderam o senso do bem comum e, mais e mais, buscavam obter vantagens pessoais através do poder que detinham. Logo, os interesses dos oficiais locais competiam com o das pessoas que eles deveriam servir. Em 1990, diversos ministérios do Conselho Estatal emitiram documentos autorizando a tributação em 149 produtos agrícolas. Seguindo essa tendência, os níveis inferiores de governo, motivados igualmente pela ganância, pegaram uma carona aumentando a quantidade de itens sobre os quais os impostos e encargos podiam ser aplicados, expandindo a gama de operações e aumentando as taxas pelos serviços. Além disso, para aplicar seus próprios tributos, o distrito e o condado também se encaixaram nos impostos dos ministérios e tiraram alguma coisa para si na prática chamada "pegar uma carona". O que deveria ser serviço público foi gradualmente transformado em novas unidades cujo propósito era absorver taxas e encargos.

Qual era a causa primordial da erosão nos ganhos dos camponeses através da reforma agrária? Nenhuma outra que não o monstruoso crescimento da burocracia e o metastático número de autoridades. Os anos 1980 foram o período em que a burocracia teve seu mais rápido crescimento, especialmente nos níveis do condado e do distrito, o *locus* do maior inchamento no número de autoridades nos gabinetes e no funcionalismo.

Em 1979 havia 2.279.000 pessoas na folha de pagamento do governo; em 1989 esse número havia crescido para 5.430.000. Durante esse período, o número de funcionários do governo nos níveis do condado e do distrito cresceu dez vezes. Em 1997, o número chegou a 8 milhões. O crescimento na quantidade de pessoas na folha de pagamento do governo era quase o mesmo que o número de cortes nas empresas estatais: 1.250.000. As palavras de ordem eram "modernização — crescimento — mais modernização — mais crescimento", mas a criação de novos gabinetes nos mais baixos escalões da burocracia é que seguiu o ritmo de qualquer "modernização" que pudesse existir mais acima.

Elaboramos uma visão geral dos perfis administrativos de mais de duzentos países ao redor do mundo e, nesse nosso estudo, descobrimos que havia oito países menores que tinham apenas um nível administrativo, ou camada; outros 25 com apenas dois níveis de governo, central e local; 67 países, incluindo Estados Unidos, Japão, Canadá e Austrália, tinham três esferas de governo. Mas nosso país adotou cinco camadas de governo: central (nacional), provincial, municipal, condado e distrito. (Além disso, a prefeitura tem o mesmo status de uma municipalidade, mas administra um certo número de condados em vez de uma cidade. Abaixo do nível distrital estão as aldeias, que são unidades administrativas semi-oficiais.) Esta pletora de níveis administrativos é realmente uma particularidade da China.

Por que algo que pode ser feito por apenas uma pessoa ou um gabinete tem que ser espalhado para tantos outros? Há diversos departamentos que não fazem nada pelos camponeses, ainda que sejam sustentados por eles. O condado e os distritos adotaram burocracias cada vez mais complexas para se igualar a seus equivalentes em níveis superiores — departamentos de contratação para a indústria, agricultura, comércio, educação, milícia, economia e assuntos da juventude e da mulher. Alguns dizem que a única instituição que faltava nos níveis do condado e do distrito é um Ministério das Relações Exteriores! Isso para não mencionar que, quanto mais templos, mais budas. No nível distrital, costumava haver de dois a trezentos oficiais, e em alguns distritos maiores podia haver mil. Esse pessoal não produz um centavo de renda, mas precisa ser remunerado com seus salários e bônus, precisa comer e viver bem. Além disso, prédios administrativos têm que ser construídos, dormitórios têm que ser providenciados, bem como carros e telefones fixos e celulares. Isso seria inimaginável no passado, quando um condado estaria equipado com um ou dois jipes. O célebre secretário do Partido no condado de Lankao, Jiao Yulu,* contava apenas com uma bicicleta para seu transporte pessoal até o dia de sua morte, em 1985.

De acordo com dados divulgados pelo gabinete de economia agrícola da província de Anhui, o distrito de Handing tinha uma população de 8 mil, porém mais de mil funcionários em sua folha de pagamento. Se incluirmos também os professores, este número dobraria. Mesmo assim, a receita anual era de apenas 6 milhões de iuanes, insuficiente até mesmo para pagar os salários básicos. Havia um distrito que mantinha 35 pessoas na folha de pagamento de sua tesouraria, mais do que o escritório de finanças de um condado. Outro distrito pagava 65 pessoas para trabalhar em seu escritório de controle de natalidade.

Os camponeses dizem, de troça: "Dezenas de quepes oficiais esmagando um pobre e surrado chapéu de palha!"

Em 1987, a Editora Chinesa de Economia e Finanças de Pequim publicou dados estatísticos do terceiro censo nacional. Esse estudo deu números para a proporção de oficiais por cidadãos (em sua maioria camponeses) na história chinesa, dos tempos arcaicos até o presente. Essa relação mostra as razões de oficiais para cidadãos individuais:

Período Han Ocidental (206 a.C.-d.C. 8): 1 para 7.945
Período Han Oriental (25-220 d.C.): 1 para 7.464
Dinastia Tang (618-907): 1 para 2.927
Dinastia Yuan (1271-1368): 1 para 2.613
Dinastia Ming (1368-1644): 1 para 2.299
Dinastia Qing (1644-1911): 1 para 299
Era moderna (1911-presente): 1 para 67

*Jiao Yulu (1943-1985) foi um secretário de Partido do condado de Lankao, província de Henan, citado por sua abnegada dedicação ao trabalho a favor dos camponeses e por seu estilo de vida espartano.

Onze anos depois, em 1998, um assistente com anos de casa no Ministério da Economia disse:

— Na dinastia Han, 8 mil pessoas sustentavam uma autoridade; na dinastia Tang, 3 mil pessoas sustentavam uma autoridade; na dinastia Qing, mil pessoas sustentavam uma autoridade; agora, nós temos quarenta pessoas sustentando cada servidor público.

A análise deste funcionário se aproximava das estatísticas divulgadas em 1987, mas os números para os nossos próprios tempos estavam exatos: 67 para o ano de 1987 e quarenta para 1998. Isso é um indício de quão rápido a burocracia se expandiu no espaço de 11 anos. Além disso, o estudo estava limitado a "oficiais" e não incluía os professores das áreas rurais. A realidade é que a educação em áreas rurais é paga pelos impostos locais.

É impossível dizer quantas pessoas estão vivendo nas costas dos camponeses da China, mas os números disponíveis falam o bastante para dar uma idéia da necessidade premente de reformas nas instituições governamentais. A insustentável situação dos camponeses, obrigados a carregar o peso de uma gigantesca burocracia e um exército de oficiais, derradeiramente ameaçará a estabilidade da sociedade chinesa como um todo.

Um país, duas "nações"

Numa manhã de primavera em 2001, fomos para a Academia Chinesa de Ciências Sociais em Pequim para entrevistar Lu Xueyi, um pesquisador do Instituto de Sociologia notável por seu trabalho na China rural.

— Para lidar com o problema da carga tributária excessiva dos camponeses — ele começou dizendo —, você precisa olhar para além do campo.

Lu apontou que os dois sistemas paralelos para interior e cidade, criados durante os anos de economia socialista planificada, prevaleceram até o presente, e o chinês aceitou como natural a disparidade entre os trabalhadores urbanos e rurais — "trabalhadores" sendo um termo genérico para todos que ganham um salário do governo — e campesinato. O governo usou dois tipos diferentes de concessões residenciais, uma para a cidade e outra para o interior, para atrelar o camponês ao campo. Também foram instituídos dois sistemas de distribuição de grãos: "grão para o consumidor", destinado à distribuição urbana através de mercado, e "grão para a agricultura", para o consumo direto dos camponeses. Esse sistema assegura que os camponeses permaneçam no campo e plantem para alimentar a população da cidade.* O governo também segregou a população, dando um salário e benefícios sociais para os trabalhadores urbanos, mas não para os camponeses. Lu disse que o resultado desse sistema de "um país, duas nações" nega o acesso dos camponeses a educação, saúde, seguro de saúde e de invalidez, aposentadoria,** todos os serviços sociais, além de seu direito à mobilidade física e social. Entre outras proibições está o direito dos camponeses de se engajarem em atividades econômicas comuns e liberdades econômicas como troca, distribuição, emprego e tributação justa. Lu resumiu a situação:

— Em poucas palavras, o camponês é um cidadão de segunda classe desde o dia em que nasce. Esse não é um mero problema de fardo econômico injusto, é discriminação social.

Lu nos explicou em detalhes como o governo sistematicamente instituiu políticas e leis para prender o camponês ao solo: em 1953

*Amarrados pelas regras de fixação de residência, os camponeses são obrigados a ficar no campo e plantar grãos para alimentar a população da cidade.

**Por princípio, o dinheiro das pensões é deduzido do contracheque dos trabalhadores chineses e lhes é dada uma pensão quando se aposentam; a idade em que isso acontece varia de acordo com o negócio, a localidade e a época.

introduziu um sistema de cupons e cotas por grãos e óleo; os camponeses não receberam nenhum cupom impresso pelo governo e por isso não poderiam sobreviver na cidade. Em 1957, o governo sancionou uma regra proibindo todas as unidades de trabalho de contratar pessoal do campo. Depois, em 1958, o governo distribuiu autorizações para residência urbana. As permissões eram dadas apenas àqueles que já viviam nas cidades, então se tornou impossível para os camponeses se estabelecerem na cidade com plenos direitos.

Estas e outras ações abriram um vácuo entre o trabalhador da cidade e o camponês do interior. O trabalhador urbano tinha suas necessidades satisfeitas do nascimento à morte, até a cremação, enquanto ao camponês nada era dado. E a reforma agrária do começo dos anos 1980 não apenas não melhorou a disparidade, como na verdade aumentou o vácuo e exacerbou a desigualdade. Lu mencionou que o atual afloramento da violência urbana pode ser rastreado na divisão campo-cidade, motivado pela insatisfação da juventude do campo, que não conseguiu licença para viver e trabalhar na cidade e começou a praticar pequenos delitos nas áreas urbanas. Assim, esse problema poderia ser visto como a vingança do campo contra a cidade, a revanche das áreas atrasadas contra as desenvolvidas. Lu deplorou o fato de que a gente da cidade apenas sentisse o crescimento da criminalidade e raramente pensasse sobre as causas mais profundas por trás disso, recusando-se a encarar o desumano e brutal sistema separando o rural e o urbano, um sistema que prevaleceu por quarenta anos e ainda vigora. Ele deplorou o fato de que tão poucos políticos ou acadêmicos falassem em favor dos camponeses. Os agricultores são a verdadeira maioria silenciosa e, sem uma voz própria, eles são sempre os primeiros a pagar quando existe qualquer desordem social, política ou econômica no país.

A desigualdade na partilha dos recursos econômicos está refletida na desigualdade da representação no Congresso Nacional do

Povo, o corpo legislativo do campo. O professor Hu Angang, da Universidade Tsinhua em Pequim, argumentou que a distribuição de assentos no Congresso Nacional do Povo é discriminatória com a população camponesa e a deixa sub-representada: somente um delegado representa 900 mil camponeses no Congresso Nacional do Povo, enquanto que, em áreas urbanas, existe um delegado para cada 250 mil cidadãos. Não é de admirar que Pequim, Xangai e os outros centros urbanos detenham mais delegados que a maioria das províncias rurais como Anhui, Henan, Jiangxi ou Heibi.

O próprio Lu Xueyi, como representante do Congresso Nacional do Povo, apresentou um documento a respeito da condição dos camponeses que continha o seguinte embasamento:

— Por ora, o problema não é aplicar esta ou aquela política para o agricultor. É fazer valer a Constituição. É dar-lhe seus direitos básicos como cidadão do Estado.

Quem está sendo colocado em um pedestal?

O antigo sistema hidráulico de Anfeng, modestamente chamado de "Lago Anfeng", no distrito do lago Anfeng, foi construído durante o assim chamado Período Primavera e Outono (770-476 a.C.) por Sun Shuao, um ministro do reinado Shu, agora condado Shou, na província de Anhui. Enquanto estávamos à beira das águas plácidas que se estendiam à distância e se fundiam ao azul do céu, nós nos intrigamos por aquilo se chamar lago. O legado antigo das fontes hidráulicas ainda funciona e beneficia a região. No distrito do lago Anfeng, no entanto, fomos apresentados aos projetos recentes — efêmeros "projetos padrão" que eram supostamente as "maiores atrações" do distrito —, muito menos capazes de passar pelo teste do tempo que o sistema hidráulico. Esses projetos, lançados durante a campanha "acabar com terras improdutivas", nos anos 1990, foram ordenados de cima.

Sun Jianjun, vice-chefe distrital no comando das contas, estremeceu quando se lembrou da campanha. Ela fazia as pessoas lembrarem do Grande Salto para a Frente do final dos anos 1950, quando todo vilarejo teve que acender uma fornalha para fazer aço. O termo "acabar", ele explicou, era para deixar clara a determinação absoluta da liderança em "eliminar" distritos que não possuíssem certos empreendimentos. Naquele tempo, os aldeões não tinham o conceito do que era um "empreendimento", mas ordens são ordens e eles precisavam realizar um. Isso não seria pedir o impossível, como mandar homens conceberem bebês, os camponeses se inquiriam; não era jogar no lago o tão suado dinheiro deles?

— Mais tarde tivemos conhecimento de que essa campanha de "eliminação de terras improdutivas" não estava limitada ao nosso distrito, ou ao condado, ou mesmo à província — Sun nos contou. A campanha de "eliminação de terras improdutivas" se espalhou para todas as partes do país.

Sun Jianjun continuou nos relatando a lista de "empreendimentos" que o distrito experimentou fazer, a fim de "se livrar" do rótulo de não ter nenhum. Primeiro foi uma fábrica de borracha, iniciada com um investimento de quase 5 milhões de iuanes. Não tendo idéia de como proceder, os aldeões convidaram um especialista vindo da capital, Hefei. Hoje, os fornos estão apagados, o portão fechado, o prédio abandonado, o equipamento está à venda e ninguém quer comprar e o distrito está no vermelho em mais de 6 milhões de iuanes.

O disparate seguinte foi uma usina de processamento de zinco. Para começar, não havia zinco nem carvão no lugar, mas os moradores investiram 1,5 milhão, e tudo desapareceu ao fim do ano.

— Desde então — lembrou Sun — nós demos início a uma indústria química, e produzimos alguma coisa, mas era algo em que ninguém tinha interesse, então 200 mil foram pelo ralo. Depois disso foi a produção de aço e ferro. Antes mesmo de a fábrica terminar de ser construída, o mercado desses produtos afundou e lá se foram mais 300 mil, como um bife jogado para um cão — desaparecendo num piscar de olhos e sem esperança de retorno. O condado também obrigou o distrito a investir em uma fábrica de utilidades gerais. O negócio foi registrado no nome do condado, mas quando afundou, como todos os outros, nós fomos lesados em 30 mil iuanes. Além do já mencionado, também tivemos uma fábrica de assentos para carros, bem como outra de telhas. Mas nossos produtos tinham qualidade inferior, não havia quem os comprasse, e os dois fracassos combinados nos custaram mais de 300 mil iuanes.

— Finalmente — disse Sun — começamos a cultivar palha para fazer esteiras. Éramos camponeses, afinal de contas, então o artesanato de palha seria da nossa alçada; tudo o que precisávamos era pedir para que nossos camponeses plantassem junco no lago, comprar equipamentos para a tecelagem da palha, e estaríamos bem. Acontece que plantar junco não era brincadeira. Não era fácil conseguir um junco de qualidade e, quando conseguimos fazer esteiras, ninguém as quis. Nosso equipamento, comprado por 400 mil iuanes, foi revendido por quase um décimo dessa soma. Juntando tudo, nós estávamos no vermelho em 500 mil iuanes por causa dessas esteiras de junco.

— Eliminar "terras improdutivas" resultou na eliminação de todas as nossas economias — resumiu Sun. — O dinheiro foi tomado de empréstimo no banco, principalmente o Banco Agrícola. As condições dos empréstimos foram negociadas pelos líderes locais, que um por um foram promovidos para pastos mais verdes em recompensa por sua performance. A dívida ainda está apertando o pescoço do distrito — disse Sun, suspirando — e no final das contas o dinheiro para pagar terá de sair do bolso dos camponeses.

*

As eleições para o condado e o distrito acontecem a cada três ou quatro anos, e os oficiais são deslocados de lá pra cá como cavalos em um carrossel; eles não podem fazer planos a longo prazo. Uma vez instalados em uma nova posição, todos correm para lançar os seus próprios "projetos de imagem", cuja função é aprimorar a imagem do condado ou do distrito sob a sua administração. Na verdade, esses projetos são executados às pressas, segundo o tempo de mandato de um líder em particular, a fim de aprimorar a imagem *dele* e para que ele capitalize politicamente. Desta forma, um após outro, esses projetos são conduzidos pelos distritos, e cada um deles precisa de financiamento. O grosso das contribuições obrigatórias para esse financiamento acaba sempre caindo sobre os camponeses.

Essas manobras para obter vantagens junto a superiores não são novidade. Na dinastia Qing, as "Crônicas da Oficialidade" descrevem um comandante chamado Hu, que ordenou a seus homens que atacassem camponeses para puxar para cima o número de "bandidos" que ele tinha eliminado e assim mostrar um bom registro de realizações. Em nossa própria época, durante o Grande Salto para a Frente, autoridades do Partido manipularam "realizações" semelhantes de colheitas de "10 mil *jin* por *mu*" para o mesmo propósito. Ou os superiores eram facilmente enganados ou também tinham interesse em resultados falsos para inflar seus registros. Tais projetos de realce da imagem continuam a proliferar em um círculo vicioso. Os únicos que sofrem são os camponeses, que têm de pagar pela brincadeira.

No distrito de Huagou, condado de Huoyang, província de Anhui, deparamo-nos com quatro projetos de "10 mil" que tipificavam tal estouvamento. "Dez mil" se refere veladamente a 10 mil *mu* de, respectivamente, lírios amarelos comestíveis, parreiras, verduras e domicílios criadores de pombos. Considere que grande realização seria para Chen Xiaoming, o chefe distrital, se ele conseguisse completar esses quatro projetos de "10 mil" para o distrito dentro de seu mandato. O secretário do Partido no condado o elogiara em público, dizendo:

— Ah, se existissem mais líderes distritais como Chen Xiaoming!

Chen estava em alta. Mas a realidade era diferente. Chen batalhava por seus projetos com a mesma ferocidade com que se exibia como chefe da segurança no distrito. Ele ordenou que 10 mil metros quadrados de florestas que margeavam a estrada fossem cortados para dar lugar ao seu projeto de "10 mil parreiras". As residências de 78 camponeses foram demolidas, deixando alguns dos residentes desabrigados. Fomos dar uma olhada nas 10 mil videiras. Das parreiras novas, que tinham custado 50 mil ou 60 mil iuanes, somente algumas cresciam irregularmente com dificuldade; o resto não sobreviveu. Dez mil vigas de cimento feitas para dar suporte às parreiras agora dominavam o cenário de devastação. Quanto aos 10 mil *mu* de lírios amarelos comestíveis, tinham desaparecido completamente. Os campos há muito haviam se tornado pastagem comum; independentemente disso, o povo não ganhou um centavo sequer. Os 10 mil *mu* de verduras estão agora semeados com trigo, apenas alguns trechos sobreviveram. Quanto às 10 mil famílias que foram forçadas a comprar aqueles pombos, tudo o que ganharam por seu suor foram pombos mortos e ninhos vazios. Na época de nossa visita, os quatro projetos de "10 mil" já tinham sido denunciados na imprensa nacional e na central de TV, e Chen Xiaoming fora demitido.

O distrito está agora com uma dívida na ordem de 880 mil iuanes como resultado desses projetos, e a maior tarefa da nova liderança é minimizar a miséria que se abateu sobre a população como conseqüência dessas experiências estabanadas. Quanto ao prejuízo, quem em última instância terá que pagar por ele? O povo do distrito de Huagou, certamente.

E quem ganharia em prestígio pelo potencial destes quatro projetos de "10 mil"? Quem seria colocado num pedestal? Não é evidente? Quando pensamos na quantidade de oficiais como Chen Xiaoming administrando coisas no vasto território de nosso país, no sofrimento que eles são capazes de impingir, é de causar perplexidade. No final das contas, é impossível dizer quão profundamente esses projetos de melhoria de imagem, designados para colocá-los em pedestais, prejudicaram os interesses dos camponeses.

"A Revolução é um banquete"

Em 1997, o *Notícias Oficiais* de Anhui, um boletim informativo distribuído internamente para os oficiais da liderança local, publicou uma notícia sobre o problema de dívidas no campo. O repórter, Wu Zhaoren, subdiretor do comitê agrícola de Anhui, declarou:

— Recentemente, um membro do gabinete provincial de alívio da carga tributária dos camponeses e eu fizemos uma vistoria das dívidas nas áreas das aldeias e distritos rurais. Os resultados foram surpreendentes. Em três distritos que visitamos, um devia 13 milhões, outro, 8 milhões, e o terceiro mais de 7 milhões [de iuanes]. Muitas das [outras] aldeias que visitamos deviam cerca de 300 mil a 400 mil. Distribuindo a dívida por domicílios, cada um deveria 2 mil iuanes. Dividindo por pessoa, cada camponês deveria trezentos iuanes. Quando abordamos os executivos e secretários do condado, eles disseram que isso não era a exceção, mas a regra.

Tivemos conhecimento mais tarde de que o fardo de dívidas dos distritos era um problema antigo, mas fora escondido, continuando a operar normalmente no vermelho e com números forjados. Em 1998, no entanto, o Comitê Central ordenou, sob o conceito geral de "três deduções e cinco reservas", que, nos três anos seguintes, os pagamentos dos camponeses por diversos serviços sociais e fundos de reserva para projetos não poderiam exceder o valor de 1997. Isso imobilizou os governos locais para arrecadar mais dinheiro dos camponeses, e sua dívida foi completamente exposta. Mas a esta altura o problema já era bem grave e generalizado por todo o campo. A matéria de Wu Zhaoren foi o arauto da tempestade que estava por vir.

O problema era claro: por todo o interior, distritos e aldeias estavam profundamente endividados. De acordo com cifras divulgadas pelo Ministério da Agricultura com base em seus levantamentos em dez províncias, a dívida média de uma administração distrital é de 4 milhões de iuanes, e a dívida média de uma administração de aldeia é de 200 mil. Como isto pôde acontecer? Como as dívidas incorreram? Para que o dinheiro foi usado? Pelo que tivemos conhecimento, afora os "projetos de desenvolvimento" e de "construção de imagem", havia maneiras ainda mais absurdas de gastar o dinheiro público.

— Essa é uma das conseqüências de falsificar contas — Wu nos contou. — Informar falso ganho por empreendimentos e receitas do distrito que não existem acaba fazendo com que você tenha que pagar impostos. No passado havia uma frase: "Não existe imposto por arrogância." Errado, existe o imposto por arrogância. Se você arroga ganhos e superfatura os números, você paga os tributos referentes a eles. Depois de pagar essas taxas, você está quebrado, não há dinheiro nem para pagar o salário do funcionalismo. Então você contrai um empréstimo.

Wu continuou:

— Outro motivo para o déficit é o gasto injustificado, os "outros gastos" não-especificados nos registros. Um dos abusos escondidos sob o item "outros" é comer e beber com dinheiro público. Isso não tem controle, não importa quantas regras e interdições venham de cima. Mao Tsé-Tung disse: "A revolução não é um banquete." Agora a frase se transformou em: "A revolução *é* um banquete." Mesmo os freqüentemente citados versos dos poemas de Mao ("O Exército Vermelho não teme a longa marcha, montanhas e riachos percorre com facilidade") foram transformados em um dito popular que prega: "O oficial não teme a longa bebedeira, 10 mil copos engole com facilidade."

Ocorreu-nos que os chineses, proverbialmente conhecidos como um povo valente que nada teme, agora fazem jus à fama: eles têm coragem de comer qualquer coisa que se arraste, voe, nade — qualquer coisa, exceto carne humana. Os oficiais que comem à custa do povo enjoaram dos acepipes normais como galinha, pato, peixe e porco; eles estão acostumados com carne de tartaruga e provaram animais selvagens de todos os tipos. Eles passaram no "teste do álcool" como seus antecessores e sobreviveram à "prova da revolução". É impossível dizer quanto dinheiro público eles gastaram em jantares, dinheiro espremido do sangue e suor dos esforçados camponeses. De acordo com números divulgados pelo Escritório Nacional de Estatísticas, a despesa anual em jantares com dinheiro público em áreas rurais e urbanas é algo entre 800 milhões e 1 bilhão de iuanes, suficiente para financiar quatro Olimpíadas, construir duas represas como a Três Gargantas ou acabar com a desgraça do problema generalizado de crianças fora da escola por falta de verbas para a educação.

Em 28 de junho de 1998, Su Duoxin, proprietário do restaurante Rio Huai no distrito de Pingyu, subúrbio de Huainan, cansado de seus repetidos esforços para cobrar uma conta devida por oficiais locais, foi à justiça e processou o distrito por contas não-pagas num total de 414.851,77 iuanes. Su fora repetidamente à administração distrital para lembrá-los de que o pagamento estava há muito vencido no seu arquivo de contas, mas ele era sempre mandado embora. Desesperado, Su entrou com processo na Corte Intermediária de Huainan. A prova era cabal, o caso tinha contorno definido e, em janeiro de 1999, a Corte Intermediária deu ganho de causa a ele. Como o distrito estava no vermelho e não podia pagar as contas do restaurante — que tinham se acumulado, sem pagamento, por um período de dez anos —, a corte decidiu que a administração distrital deveria ceder parte de seu prédio administrativo para o credor. O distrito foi condenado a ceder dez salas no andar térreo de sua sede administrativa, um total de cerca de 1.100 metros quadrados, para Su Duoxin, o dono do restaurante.

As notícias estouraram pela região. Era um escândalo de grandes proporções, e o Comitê Disciplinar Municipal de Huainan editou "advertências internas" para os três principais oficiais responsáveis: secretário distrital do Partido, Yang Pengshen; chefe distrital Dai Jianshan; e chefe distrital Chen Heping. As medidas disciplinares foram publicamente anunciadas. Depois das escandalosas conseqüências desse processo, as pessoas esperaram que os líderes controlassem sua voracidade e pagassem por suas despesas.

Apenas um ano depois, no entanto, Wang Guisong, proprietário de outro restaurante na cidade, o Real Song, processou o distrito por 250 mil em contas penduradas. Para o estarrecimento de todos, o chefe distrital citado no processo não era nenhum outro senão Chen Heping, o antigo subchefe, um dos que haviam recebido a "advertência interna" por sua falta anterior. Em julho de 2000, a Corte Intermediária de Huainan mais uma vez decidiu em favor do dono do restaurante e mandou o distrito pagar tudo. Desta vez o distrito de Pingyu apelou da decisão para a Alta Corte provincial de Anhui, e apresentou uma curiosa lógica para se defender: o restaurante estava ciente de que comer e beber à custa do erário é altamente desmoralizador para a sociedade, e também de que o governo do distrito não tinha condições de pagar. Ainda assim, com pleno conhecimento destas circunstâncias, o restaurante estimulara os oficiais distritais a comer e beber, desmoralizando desta forma a estrutura social como um todo e enfim causando prejuízo ao erário público. De acordo com a lógica do distrito, era o restaurante, e não os oficiais, que deveria ser punido. Não era freqüente que um cidadão processasse o governo, mas neste caso a Alta Corte de Anhui manteve o veredicto da corte interior de Huainan e rejeitou a contra-ofensiva do distrito.

Nós visitamos o dono do restaurante, Wang Guisong, que ganhara a causa. Ele estava do lado de fora de sua casa, alegremente estourando fogos de artifício para comemorar sua vitória. Mas não nos sentíamos felizes. Soubemos que não era a primeira vez que o distrito de Pingyu tivera que trocar patrimônio público para pagar por dívidas de comida e bebida. Anteriormente, os oficiais do distrito de Pingyu haviam precisado negociar com outro dono de restaurante e trocar um prédio público, um sobrado de dois andares localizado numa rua comercial, para quitar uma dívida de mais de 100 mil iuanes em contas de restaurante. E soubemos que o distrito estava secretamente negociando ainda com outro restaurante para trocar um imóvel pelo perdão de 100 mil iuanes em contas. Podíamos prever o último item do patrimônio distrital — sua sede administrativa — sendo dilapidado muitas e muitas vezes por causa da comilança e bebedeira dos oficiais locais.

A liderança distrital fez repetidos esforços para estabelecer regras e normas de procedimento para frear essa comilança e embriaguez à custa do dinheiro público. Em 1990 eles anunciaram que, daquele momento em diante, visitantes seriam recebidos apenas no refeitório oficial e que nem vinho nem cigarros seriam oferecidos. Em 1994, o distrito limitou o número de pessoas que podiam ser convidadas pelos oficiais para jantar — três oficiais para cada convidado, com o valor fixo da refeição em 10 iuanes por pessoa, cada unidade devendo pagar por seus próprios jantares. Em 1995 eles apresentaram um novo plano: lançaram um vale-refeição que anfitriões e convidados poderiam usar nos restaurantes. Mas as contas de restaurantes se empilhavam tão rápido quanto as leis eram feitas. Era um completo enigma para nós. Mas, à medida que íamos a mais distritos e condados e víamos quão dominante era o problema — um problema que, aparentemente, nenhuma regra poderia parar —, nós nos inteiramos das mais profundas causas do fenômeno.

O fato é que o vasto interior da China se tornou o paraíso dos glutões. Como uma nuvem de gafanhotos, os oficiais armados com sua voracidade atacaram o campo e foram infinitamente criativos em apresentar justificativas para comer e beber: jantares para inspetores, jantares para conferências, jantares para a diminuição da pobreza rural, jantares de socorro a desastres; jante se você pode pagar, e jante mesmo que não possa; jantar a crédito, jantar por empréstimo; manter os jantares acontecendo de um fim de ano a outro, de um fim de mês a outro, da manhã até a noite; aproveitar jantares quando se assume e quando se deixa o gabinete.

Um provérbio sobre comer e beber à custa do povo diz: "Nada se ganha por não comer, quando é de graça; então por que não comer?" Comer de graça se tornou um sinal de status, um indicativo de posição. A qualidade de um jantar pode determinar se um projeto é aprovado ou um acordo é fechado, ou se uma promoção sai ou não. Tornou-se uma parte da cultura política.

Wu Zhaoren, subdiretor do Comitê de Finanças Agrícolas de Anhui, nos contou uma história tragicômica. Um camponês de um vilarejo do condado de Changfeng veio ao gabinete dele para informar que oficiais estavam comendo e bebendo demais com dinheiro público. O gabinete de Wu passou a mensagem para o nível superior e alguém da administração do condado foi mandado para investigar. Para a surpresa deles, o camponês voltou não muito depois e implorou que eles encerrassem a investigação. Perguntado por quê, ele disse que o investigador estava naquele momento comendo e bebendo à custa do erário!

A revolução *é* um convite para jantar.

6

EM BUSCA DE UMA SAÍDA

O jogo dos números

A maioria dos chineses acredita que todos os oficiais manipulam números, em prejuízo das pessoas simples e em benefício de suas carreiras. Mas existem alguns oficiais honestos, que se atêm aos fatos e números. Conhecemos Huang Tongwen, que era um homem assim.

Huang nasceu em Huangyu, uma aldeia assolada pela pobreza no distrito de Huanggong, condado de Changfeng, onde seus ancestrais viveram e morreram, geração após geração. O condado de Changfeng fica na fronteira de quatro diferentes cidades e prefeituras e é um canto esquecido, negligenciado por todos. Situa-se numa extensão do planalto chamada de "a embocadura dos rios Yangtze e Huai". O solo é pobre e a água escassa, ainda que a Mãe Natureza visite anualmente com enchentes e outros desastres naturais. A região foi nomeada um condado em 1965, mas o aparato administrativo para governar um condado ainda não tinha sido propriamente providenciado antes que a Revolução Cultural varresse tudo à sua frente. Changfeng, poder-se-ia dizer, tinha má-formação congênita e sofreu de subnutrição. Apesar de seu nome auspicioso — Changfeng significa "generosidade duradoura" —, essa generosidade sempre foi uma ilusão.

A cidade natal de Huang Tongwen era uma aldeia nova que fora deslocada para sua atual localização após a inundação de 1954. No desvalido condado de Changfeng, Huangyu era um dos vilarejos mais pobres. A miséria da aldeia onde nasceu Huang Tongwen ficou marcada em suas memórias mais antigas. Ele se formou no ensino médio em 1972 e se matriculou na Faculdade de Professores de Anhui. Quando partiu da aldeia para cursar a faculdade, jurou para si mesmo que voltaria depois de se formar para tentar fazer alguma coisa pelo lugar onde nasceu.

Em 1988, o condado de Changfeng foi afligido por uma estiagem sem precedentes e os camponeses estavam tomados pelo desespero ao verem sua colheita definhar e morrer. Naquele tempo, Huang Tongwen era secretário do Partido no condado. Ele baixou ordens para que todos os oficiais fossem a campo para avaliar o estrago e acrescentou a determinação de não atrasar, não negar e não minimizar os estragos causados pelo desastre. Ele mesmo visitou diversos vilarejos e deu ordens *in loco*, numa tentativa de controlar os danos tanto quanto fosse possível.

Um veterano oficial da liderança provincial, acompanhado por chefes executivos do Partido e do governo da capital provincial, viajou a várias partes de Anhui para fazer inspeções. Quando chegou em Changfeng, um dos condados mais duramente atingidos pela seca, ele olhou em volta e em seguida mandou Huang fazer seu relatório. Huang afirmou, sem hesitações:

— Não podemos cumprir a cota de vendas de grãos deste ano.

As palavras de Huang foram ditas calmamente e com frieza, mas também com muita convicção. As pessoas no recinto não podiam crer em seus ouvidos. O conceito contido no slogan "O homem conquistará a Natureza" se tornara um dos preceitos fundamentais da nação. As pessoas se acostumaram a ouvir a retumbante declaração: "Uma colheita farta virá depois de um desastre natural." Além disso, o governo central já havia baixado diretrizes estipulando que o condado deveria satisfazer a cota de venda de grãos (o montante de grãos que os camponeses são obrigados a vender para o Estado por um preço baixo fixado pelo governo); exceções só seriam permitidas sob circunstâncias extremas. Uma seca como a que assolava Changfeng não era considerada "extrema" e não enquadraria o condado como uma exceção.

A resposta de Huang parecia ter pegado o inspetor de surpresa. Ele olhou o jovem de cima a baixo, sem esconder seu descontentamento.

Huang era sempre disciplinado no cumprimento das ordens de seus superiores. Ele era um jovem brilhante que sabia exatamente o que acontecia nos círculos oficiais: um ano de desastres naturais normalmente era transformado em oportunidade para "façanhas" e promoção. Sua ocupação anterior fora um posto de gabinete no governo municipal; quando ele foi indicado para ser secretário do Partido no condado, foi promovido para um nível de departamento no escalão oficial do governo — ele era o mais jovem oficial em toda a província naquela posição. Se ele queria prosseguir em sua carreira, ele precisava mostrar realizações que fossem vistas como tais por seus superiores. Mas ele também era um homem com uma consciência, uma mente independente e senso de responsabilidade. Ele viu que Changfeng era afligido por uma desastrosa seca sem precedentes e que centenas de milhares de camponeses estavam enfrentando perdas terríveis. Sentiu que não tinha motivo e nem direito de minimizar a extensão do prejuízo. Sentiu que precisava falar a verdade.

Ele reiterou para o oficial visitante:

— Preciso deixar claro que não podemos cumprir a cota. Claro que eu poderia cumpri-la. Tudo o que eu precisaria fazer era realizar um encontro e impingir a cota de venda de grãos. Mas isso seria duro demais para os camponeses. Chegada a próxima primavera, eles não teriam condições de plantar.*

*Está implícito aqui que ele poderia forçar os camponeses a vender suas sementes.

Huang disse isso de forma prática. Ele tinha crescido no campo, sabia exatamente como os camponeses sofriam quando os oficiais manipulavam os números segundo seus próprios interesses, fazendo relatórios inverídicos.

Depois que os líderes provinciais foram embora zangados, as pessoas disseram que Huang tinha sido um tolo. O fato era que partes consideráveis da província de Anhui tinham sido atingidas por desastres naturais, mas Huang era o único oficial a dizer que seu condado não poderia cumprir a cota de venda de grãos. Era procedimento padrão para oficiais apresentar números bonitos, e números bonitos ajudavam os oficiais em suas chances futuras. Muitos oficiais em busca de promoção não vêem a hora de um desastre como este chegar para que possam aparecer como superadores de adversidades, mas Huang jogou fora a oportunidade que bateu em sua porta. Os relatórios de outras áreas atingidas tinham todos, mais ou menos, minimizado os danos, enquanto lá estava Huang exortando os homens que trabalhavam sob sua responsabilidade a informar toda a extensão do prejuízo. Não apenas isso, mas ainda enviou seus homens para incomodar os oficiais superiores em busca de auxílio, pedindo-lhes que providenciassem grãos e dinheiro, e depois se certificou que estes chegassem às mãos dos camponeses flagelados. Resumindo, ele fez tudo o que podia para ajudar os agricultores a sobreviver à seca.

A explicação que dava para suas atitudes se resumia a que ele era "só um garoto do campo". "Agora que sou um secretário do Partido no meu próprio condado, tudo o que quero fazer é ajudar a gente da minha região." Ele analisou a situação e dividiu a região atingida em três categorias: não-afetada, onde convocou os camponeses para que vendessem seus grãos para o Estado; levemente afetadas, onde convocou os agricultores a fazer o possível para cumprir a cota de venda de grãos para o Estado; e, finalmente, as áreas mais afetadas, onde ele proibiu categoricamente que os oficiais locais pressionassem os camponeses a vender mais do que podiam.

Wang Jiapei, dirigente do Gabinete de Assistência do escritório do departamento provincial de assuntos civis, era um especialista na assistência social a regiões agrícolas e entendia todos os truques do negócio. Na maior parte dos casos, relatórios oficiais sobre desastres naturais escondem ou minimizam a extensão do estrago, com muita conversa fiada sobre como o desastre foi enfrentado e vencido, com base em uma porção de estatísticas maquiadas. Mais tarde, entretanto — terminado o bombardeio de publicidade positiva —, estes mesmos oficiais voltam em bando com números superfaturados de prejuízos para conseguir o que puderem em grãos e dinheiro. Isso evoluiu para uma rotina: primeiro ficar com a honra de superar o desastre, depois ficar com os "haveres" do socorro em grãos e dinheiro. A combinação é uma aposta certa para a promoção. Há inclusive um ditado: "Sem mentiras, nada se consegue."

Mas Wang Jiapei, do Gabinete de Assistência, descobriu que os relatórios vindos do condado de Changfeng eram diferentes. Eles relatavam o verdadeiro estado da seca desde o começo e, a julgar pelos números que chegavam, o desastre era sem precedentes. Ele nunca tinha visto uma coisa assim — um informe de desastre natural sem vernizes apresentado por oficiais locais — e isso o deixou intrigado.

Para satisfazer sua curiosidade, Wang Jiapei foi até as aldeias para ver com seus próprios olhos. Ele visitou as mais atingidas e viu que as informações eram de fato bem fundamentadas. Mas ele também viu que, por causa da divisão por categorias, nos povoados mais afligidos e por isso isentos da venda controlada de grãos, as pessoas conseguiam enxergar a luz no fim do túnel e estavam encorajadas a lutar contra as conseqüências da estiagem. Wang Jiapei ficou impressionado e decidiu procurar o secretário de Partido que tivera a integridade de encarar a verdade e lidar com ela de uma forma honesta e realista.

— Você é ótimo! — Wang exclamou no minuto em que conheceu Huang. Realmente, enquanto todo mundo estava se jactando de "uma colheita excelente depois de um desastre natural", era preciso coragem para ir na direção oposta e inventar um programa de "um condado, três sistemas".

— Você não tem receio de se meter em confusão? — Wang perguntou.

Huang Tongwen calmamente respondeu:

— Eu nunca me preocupo com o irrelevante. Meus ancestrais foram camponeses por incontáveis gerações. Nossos parentes de ambos os lados da família são agricultores e todos são de regiões miseráveis. Eu sei como é difícil tirar o sustento da terra. Se forçarmos os camponeses a vender os grãos de que precisam, como viverão? Como continuarão cultivando a terra?

Evidentemente, Huang levava seu trabalho muito a sério; sua principal preocupação era o bem-estar dos agricultores.

Wang Jiapei estava tocado. Ele escreveu um informe especial para a liderança provincial, contando a eles como o condado de Changfeng tinha realmente sofrido o pior da estiagem, e como o secretário do Partido mantivera-se firme e contara a verdade. Um dos vice-governadores da província viajou pessoalmente para Changfeng, trazendo consigo uma verba de ajuda, e assim os camponeses de Changfeng sobreviveram ao desastre.

Não muito depois da seca veio a inundação de 1991. Para prevenir a enchente de alcançar os braços inferiores do rio Huai, vastas áreas de terra cultivável de Changfeng foram inundadas — transformando-se em corredores de água: 116 aldeias ficaram ilhadas; 3.693 casas desabaram, deixando seus moradores desabrigados. Huang Tongwen mais uma vez se jogou no esforço de ajuda, direcionando seus subordinados para o campo a fim de socorrer as vítimas da inundação. Mais importante, ele ordenou que todos os números aumentados do passado fossem oficialmente anulados e que uma avaliação acurada da situação miserável da área fosse feita e passada aos superiores.

Seus colegas do Comitê do Partido no condado temiam que esta última medida pudesse ter conseqüências negativas ao futuro do próprio Huang Tongwen. Todas as regiões são ranqueadas num índice nacional, e os números do estado real das coisas colocariam o condado na categoria de "pobreza extrema". Os oficiais normalmente fazem arranjos com os números e inflam estatísticas para esconder a situação real de seus condados, fazendo tudo que podem para prevenir que o rótulo de "pobreza" seja colocado em regiões sob sua liderança. E mesmo assim lá estava Huang Tongwen mais uma vez nadando contra a corrente, tentando de todas as formas colocar o seu condado entre as áreas de "pobreza extrema". O que era ainda pior, o condado de Changfeng fazia parte dos subúrbios da grande Hefei, a capital provincial. A versão oficial era que todos os condados ao redor de Hefei estavam bem e no caminho do desenvolvimento e da fartura. Seria embaraçoso para os líderes municipais encarar um caso de pobreza extrema bem às suas portas. Claro que Huang estava perfeitamente ciente dessas implicações — mas ele estava mais preocupado com a condição dos agricultores de Changfeng. As estatísticas maquiadas seriam motivo de tributação excessiva. Huang queria que a verdade prevalecesse para que os impostos pudessem ser revogados e os agricultores tivessem algum alívio e uma chance de tomar fôlego. Huang se deu conta de que suas ações afetariam de forma adversa a sua carreira, mas era óbvio que apenas quando os números verdadeiros fossem conhecidos é que Changfeng teria oportunidade de se desenvolver e ter um futuro.

Bem como Huang tinha previsto, quando os números reais foram confirmados, o condado foi classificado como de "pobreza extrema" no índice nacional e, como resultado, recebeu subsídios substanciais e verba de socorro diretamente do Ministério das Finanças. Mas, previsivelmente, sua própria carreira estava embargada.

Mais tarde, um oficial da província de Jiangxi, Wang Taihua, foi transferido para Anhui e assumiu como secretário do Partido em Hefei; ele também se tornou um membro do comitê provincial do Partido em Anhui. Ele era um homem realista e, no período de um mês, visitou pessoalmente todos os condados da periferia da capital provincial. Ele viu em Huang Tongwen um homem que seguia seu próprio coração. Ele também percebeu que Huang seguira trabalhando no nível mais baixo e com a mesma posição hierárquica sem ser promovido. Ele chamou Huang para conversar e sugeriu-lhe que voltasse a Hefei, onde trabalhara previamente, para se tornar presidente interino da Conferência Consultiva Política Popular no município e casar esse cargo com o de dirigente do departamento da Frente Unida para a cidade — ambas posições administrativas honorárias. Huang tinha sido subchefe do departamento da Frente Unida havia oito anos. Ele agora alegava que tinha passado dos 40 e gostaria de fazer algo mais substancial do que ir às reuniões da Conferência Consultiva.

Mas mesmo essa pequena "promoção" teve voto contrário do comitê provincial do Partido, que tinha a palavra final nessas nomeações oficiais. O motivo? De acordo com eles, depois de ser encarregado de administrar o condado de Changfeng, Huang tinha lhes entregado um caso de "pobreza extrema"! Que mérito havia nisso? Wang Taihua e o comitê municipal do Partido se comprometeram em fazer de Huang Tongwen dirigente de um outro comitê, no mesmo escalão burocrático da posição que ele tinha ocupado mais de 12 anos antes.

Enquanto isso, Wang Taihua fez investigações mais abrangentes sobre as condições em Changfeng. Averiguando que o terreno era árido, os recursos naturais extremamente escassos e a infra-estrutura praticamente inexistente, ele concluiu que era irreal querer desenvolvimento rápido no condado. Ele transformou o 23 de abril no dia de Changfeng, uma data anual em que todos os líderes da província e do município, bem como departamentos relativos, reúnem-se em Changfeng para conversar com os moradores, ouvir suas opiniões e fazer o melhor para ajudar a desenvolver o condado com verbas e projetos. Como secretário do Partido em Hefei, Wang também tomou a decisão de eximir Changfeng de seu imposto para o departamento provincial de finanças; a parte de Changfeng dali em diante sairia do orçamento municipal de Hefei.

Wang Taihua derradeiramente se tornou secretário do Partido na província de Anhui; com o seu respaldo, Huang Tongwen finalmente foi promovido a subsecretário do Partido em Hefei, atuando simultaneamente como secretário do comitê disciplinar municipal do Partido. Huang Tongwen, o oficial honesto que diz a verdade, foi finalmente reconhecido e sua vida mudou — mas isto não aconteceu pelos canais normais do sistema.

Por trás e além do resplendor e do ouro

Anhui é uma província grande e populosa, uma excelente fonte de força de trabalho. Em 2000, quando o governo central deu início à experiência de transformar impostos em taxas e encargos, havia 10 milhões de trabalhadores excedentes no interior de Anhui, 40% da força de trabalho do campo. A agricultura se tornara uma empreitada perdida. Os camponeses tinham labutado na terra por incontáveis gerações e visto a terra como fonte da própria vida, mas agora a terra havia se tornado um peso. Por isso, uma multidão deles virou as costas para o campo e marchou para a cidade.

Na cidade, entretanto, todos os benefícios dos residentes urbanos, como os recém-criados "auxílio básico", "assistência médica", "auxílio moradia" e assim por diante, estavam além do alcance dos camponeses. Uma vez que a "licença de residência" lhes proibia a permanência definitiva na cidade, o enorme exército de camponeses estava condenado à condição de imigrante.

De acordo com estatísticas nacionais, o número de camponeses que atravessavam as fronteiras provinciais evadindo o campo para a cidade registra quase 10% do total da população. Entre estes, camponeses das províncias de Sichuan, Anhui, Hunan, Hubei, Henan e Guangdong representam 60% do total. Anhui é a origem do segundo maior número de migrantes.

Em 2005, a população rural da província de Anhui era de 27 milhões. Destes, 7 milhões são agora migrantes, 1,25 milhão somente em Xangai: um terço dos migrantes desta cidade são de Anhui. Esta é a estatística oficial. Na realidade, um número muito maior dos que migram encontrou sustento em Xangai e trouxe suas famílias, de modo que a população real de naturais de Anhui em Xangai é de mais de 2 milhões.

Segundo um estudo local, os quatro distritos de Xangai que tiveram o mais rápido crescimento são Minhang, Baoshan, Jiading e Pudong. Não é coincidência que os migrantes de Anhui estejam mais concentrados nestas quatro áreas.

Os migrantes de Anhui em Xangai se ocupam — e se destacam — em qualquer ramo imaginável: construção, fábricas têxteis, indústria de automóvel, criação de peixes, apenas para citar uns poucos. Alguns deles foram inclusive honrados com títulos de "Porta-estandarte" ou "Trabalhador modelo" em seus campos de atuação. Por exemplo, uma mulher chamada Gao Yumei, que trabalha na fábrica de processamento de algodão Tonghai, foi nomeada membro da Tropa de Choque de Xangai na "Nova Grande Marcha pela Modernização"; o trabalhador migrante Wu Lunzhong fundou o estúdio de arte e design ZhongZhong, um dos dez maiores da cidade, e capitalizou mais de 10 milhões de iuanes. O migrante Niu Zhuanyun é um especialista em informática autodidata que trabalha como consultor para grandes corporações resolvendo problemas nos computadores; ele é conhecido em todo lugar como o "médico dos computadores".

Esses migrantes pegam trabalhos rejeitados pelos moradores locais e usam materiais descartados para fazer coisas criativas. O trabalhador emigrado Jiang Guangneng fez uso de resíduos de fornalha para reparar estradas e hoje é dono de quatro companhias com um investimento total conjunto de mais de 10 milhões de iuanes. Quinhentos emigrados de Anhui formam a elite de trabalhadores da Companhia de Construção Naval de Jiangnan, que constrói navios de guerra. O presidente do conselho, Chen Jinhai, elogiou sua capacidade e força de vontade, dizendo que eles superaram os trabalhadores comuns no consórcio.

Alguns dos trabalhadores migrantes de Anhui em Xangai subiram da posição de empregados para se tornarem administradores, criando, desta forma, a situação bizarra de um migrante supervisionando um grupo de trabalhadores comuns de Xangai. Por exemplo, Tang Qizhuo foi contratado por uma parceria sino-americana de empreendedores, a Companhia de Moda Gaoshengda, para liderar uma força de trabalho de mais de mil trabalhadores comuns de Xangai. Ele é um líder formidável e tem sido fundamental na obtenção de um lucro de mais de 5 milhões de dólares para a companhia.

Na tentativa de encontrar sustento em Xangai, os migrantes de Anhui têm de competir com aqueles vindos de outras províncias, especialmente os de Wenzhou. Os migrantes de Anhui são batalhadores, maleáveis e expeditos, muitas vezes começando com um capital muito pequeno como cabeleireiros, alfaiates, fazendo consertos ou no negócio de lanchonetes. Se não dispõem de capital, trabalham nas construções ou caminham pelas ruas e becos catando lixo reciclável para vender depois com um pequeno lucro. A partir de começo tão humilde, alguns dos emigrados de Anhui conseguiram erguer grandes empresas. Cerca de cinqüenta companhias de

Xangai, que capitalizaram mais de 10 milhões de iuanes, foram fundadas por migrantes de Anhui.

Em Pequim, um dos primeiros entre os emigrados foi um grupo de mulheres camponesas da zona rural de Anhui, que fizeram seu caminho para Pequim para trabalhar no serviço doméstico. E depois vieram os homens, que se juntaram à força de trabalho de Zhong Guan Cun, o "Vale do Silício" de Pequim. Ainda que mal soubessem ler quando chegaram, acabaram processando computadores; de atendentes em lojas, tornaram-se graduados representantes de vendas. Eles começaram negociando peças baratas de computador e agora têm mais de 60% do mercado de CPUs em Zhong Guan Cun. Milhares de pessoas dos subúrbios rurais de Hefei também migraram para Pequim em busca de trabalho no ramo da construção civil; 12 empreiteiras da cidade estão registradas no nome de migrantes. Além disso, há mais gente espalhada por outras 22 províncias, e algumas se juntaram a 14 empreiteiras com atuação no exterior.

Os emigrados de Anhui também se tornaram uma presença marcante em Guangdong, a província chinesa mais ao sul. Somente em um pequeno distrito da cidade industrial de Dongwan, quase 11.500 migrantes de Anhui estão registrados oficialmente na guarda local. Acrescente a esse número aqueles que não se incomodaram em se registrar e teremos pelo menos 50 mil migrantes de Anhui trabalhando neste pequeno distrito desta pequena cidade.

Supondo que cada um dos mais de 7 milhões de emigrantes de Anhui gerem em média 50 mil iuanes do PIB anualmente, isto equivaleria a 300 bilhões de iuanes por ano, o que é quase equivalente ao PIB anual de toda a província de Anhui. Isso significa que a renda que esses emigrantes produzem é equivalente a outra Anhui fora de Anhui. Então, se acrescentarmos o dinheiro total que esses migrantes mandam todo ano para casa — pelo menos 300 bilhões, mais do que a renda gerada no interior de toda a província —, temos outra Anhui fora de Anhui. O que significa dizer que essas pessoas, trabalhando em atividades braçais ou empregos qualificados, estão criando duas outras Anhuis fora de Anhui.

Desta forma, pode-se dizer que esses trabalhadores estão promovendo o desenvolvimento econômico não apenas nas regiões para onde migraram, mas também nas de onde vieram. Esses que deixaram o campo normalmente são os mais brilhantes entre a população rural; depois de sua experiência de vida na cidade, eles voltam com novas idéias e habilidades. Assim, eles não apenas contribuem para as mudanças nas cidades, mas também trazem inovações positivas de volta para casa. Tomemos como exemplo o município de Fuyang: no momento existem setecentos empreendimentos iniciados por migrantes que voltaram das cidades. Eles empregam mais de 17 mil pessoas, representam um capital de mais de 100 milhões de iuanes e têm um retorno anual de mais de 50 milhões de iuanes em lucros. Nas aldeias pobres e remotas que visitamos, muitas vezes nos deparamos com um prédio alto erigido entre as cabanas, como um cisne entre as galinhas. Tais construções ou são a residência dos privilegiados oficiais locais ou os lares daqueles que retornaram para casa depois de trabalhar na cidade.

Anhui está em processo de transformação de uma província puramente populosa em uma localidade rica e reconhece a influência que a migração pode exercer na realização deste objetivo. Em Anhui, a tendência do êxodo rural começou cedo e o governo provincial tentou promover o movimento para fora. Os departamentos provinciais que controlam a previdência, assuntos públicos, segurança, transporte e construção estão todos envolvidos. O secretário do Partido na província, Wang Taihua, editou diretrizes estabelecendo que, nos próximos cinco a dez anos, o fornecimento de força de trabalho será um importante projeto, e declarando que a função de diversos departamentos do governo é dar orientação, serviço e gerência para que a migração rural aconteça de maneira ordenada. Ao mesmo tempo, as autoridades provinciais também eliminaram algumas restrições arbitrárias à migração rural.

Mas os benefícios do êxodo rural não devem ser comemorados em demasia. Em nossas averiguações, nós também vimos o lado negativo do fenômeno. Como a força de trabalho no campo foi drenada para fora, a agricultura local ficou paralisada e decadente, aumentando a distância entre as províncias pobres e ricas e desestimulando os investimentos nas províncias mais pobres, criando assim um círculo de pobreza crescente e desenvolvimento decrescente.

Além disso, há outros problemas fora do controle das províncias, o mais evidente dos quais a discriminação no tratamento dado ao campesinato. As cidades para as quais eles migraram estão interessadas apenas em controlar a população imigrante, prevenir o crime e garantir a segurança de sua própria população, não dando a mínima atenção para os benefícios dos imigrantes, muito menos para suas necessidades. Muitos lugares consideram essas pessoas inclusive como criminosos em potencial e fonte de confusão, deixando o controle da população imigrante a cargo da segurança pública. Deste modo, o governo tem mais ou menos insistido nesse erro de discriminar trabalhadores oriundos de zonas rurais, e isso emperra a modernização da China.

Durante os anos 1960, quando acadêmicos discutiam a modernização, estávamos sofrendo pelos três anos de fome; depois fomos arrastados para a Revolução Cultural, que se prolongou por anos. Quando anunciamos que estávamos apontando para a reforma e a modernização, não compreendemos que para realizar nosso objetivo de modernização — especialmente a modernização da agricultura — precisávamos diminuir a população rural e começar o processo de transferência da força de trabalho excedente para a cidade. Não nos demos conta de que essa era uma tendência irreversível.

No país mais desenvolvido do mundo, os Estados Unidos, a porcentagem da população total trabalhando na agricultura é de apenas 7%. No Japão, a transformação econômica decorreu num ritmo sem precedentes depois da Reforma Meiji (Período Meiji: 1868 a 1912); durante este período, a população rural japonesa caiu de 80% para 15% do total. Taiwan tem uma história semelhante: a época de desenvolvimento mais rápido coincidiu com os anos em que a população rural caiu de 80% para 15% da população total.

Nossa população atual encontra-se na casa de 1,3 bilhão, dos quais 900 milhões são camponeses; 500 milhões destes estão em idade produtiva, mas a agricultura precisa de apenas 100 milhões, e as empresas locais conseguem absorver apenas algumas dezenas de milhões. Então para onde devem dirigir-se os 300 a 400 milhões que sobram? Só existe esperança de modernização para a China se o excedente de trabalhadores rurais deixar o campo e se estabelecer na cidade. Mas neste momento a cidade não é um porto seguro para os migrantes do campo. Eles são andarilhos sem lar e nunca gozaram de um status igualitário como cidadãos. Além disso, os oficiais urbanos abusam de seu poder contra eles, como visto em algumas das injustiças que sofrem: eles trabalham além de seu horário sem ganhar mais por isso; eles estão sujeitos a trabalhos perigosos sem qualquer espécie de proteção; às vezes, recebem com atraso; às vezes, são enganados por aproveitadores e não ganham nada; finalmente, são chutados quando se ferem, ou ficam doentes ou mutilados. Alguns se tornam pedintes, prostitutas ou traficantes, entre outras atividades criminosas de pequena importância.

De acordo com um estudo sobre os imigrantes em Pequim no ano de 2002, feito pelo sociólogo Li Qiang, um quarto dos trabalhadores imigrantes não conseguiram receber seu pagamento ou tiveram atraso no mesmo; por uma série de razões, quase 40% dos trabalhadores imigrantes ficaram em pelo menos um momento sem nenhum tostão na cidade. Mais de 60% deles trabalhavam por mais de dez horas por dia; 33% destes trabalhavam mais de 12 horas diariamente; e 16% do último grupo trabalhavam mais de 16 horas por dia. Quanto à assistência médica, 40% dos imigrantes ficaram doentes numa oportunidade ou outra, e praticamente nenhum deles recebeu um centavo sequer para seus gastos com saúde. Tais eram as condições na capital para os imigrantes.

Os camponeses emigrados construíram as grandes cidades em toda sua resplandecente glória apenas para aprender que a riqueza enrijece o coração do homem. Os imigrantes e a população urbana vivem na mesma cidade, mas não existe igualdade entre eles, nem mútua amizade, nem amparo, nem respeito ou civilidade, nem mesmo um pingo de bondade ou piedade. O sistema de "registro de residência" traçou uma linha entre a cidade e as pessoas do campo, criando a desigualdade em status, oportunidades e renda, obstruindo o fluxo livre de pessoas para a cidade. Criou um sentimento de superioridade nos habitantes urbanos. Para piorar tudo, o governo da cidade tomou atitudes erradas que mais tarde consolidaram as discriminações contra os imigrantes, e eles acabaram se tornando os "intocáveis" na cidade grande.*

As condições de vida atrozes e o tratamento desumano sofrido pelos camponeses que trabalham na cidade já foram denunciados insistentemente na mídia, tanto que os sentimentos das pessoas ficaram dormentes e amortecidos perante o bombardeio de informação deprimente. Enquanto isso, a renda dos camponeses vem sofrendo um declínio uniforme, enquanto a disparidade entre a cidade e o campo continua a aumentar. O diretor substituto do Centro para o Desenvolvimento do governo central, Lu Zhiqiang, apontou que a China está agora listada entre os países nos quais a desigualdade de renda é

*A responsabilidade de lidar com a população imigrante (carteiras de trabalho, controle de natalidade e assim por diante) foi transferida para as agências de segurança pública, para que assim os imigrantes fossem tratados de fato como criminosos em potencial.

aguda e o descontentamento público aumenta cada vez mais, tanto que a estabilidade social está ameaçada.

Na China de hoje, ninguém deseja permanecer no campo. Os camponeses fazem tudo o que podem para ir embora: os jovens inteligentes entram para a faculdade ou conseguem trabalho através de contatos; na pior das hipóteses, invadem a cidade como imigrantes. Durante os anos 1980, os empreendimentos dos distritos e das aldeias vicejaram, e um motivo para isso era que havia uma reserva de talento nas aldeias esperando para ser aproveitada. O recente declínio dessas empresas está em muito relacionado ao fato de que estes mesmos talentos abandonaram o campo em direção à cidade. O encolhimento dos recursos humanos logo se antecipou ao declínio dos recursos materiais, e a mentalidade criativa se exauriu. Isso explica em parte o declínio das iniciativas privadas no campo pelos diversos anos que se passaram. O escoamento de recursos humanos logo resultou em uma secura no capital de investimentos. De acordo com nossos registros, entre 1985 e 1994, mais de 300 bilhões de iuanes vazaram do campo para a cidade — uma média anual de 30 milhões de iuanes.

Foi relatado que, já em 1985, o Ministério de Segurança Pública começou a esboçar uma nova "lei de registro de residência" cuja proposta era tapar o buraco da disparidade entre o campo e a cidade. Mas isso foi há vinte anos, e a nova lei de registro de residência ainda não foi elaborada. A principal razão da inércia são os obstáculos colocados pelos diversos ministérios do governo que resistem a abrir mão dos privilégios que adquiriram durante a era do planejamento estatal da economia. Seus interesses estão ameaçados pela diminuição da disparidade econômica e social entre o campo e a cidade. Uma outra fonte de preocupação são os resultados das atuais reformas econômicas: a reestruturação das empresas estatais levou a um elevado número de trabalhadores inativos, e as autoridades da cidade criaram novas maneiras de lidar com o problema.

Eles demitem trabalhadores imigrantes para dar seus trabalhos para moradores da cidade que ficaram desocupados, reforçando a medida com regulamentos restringindo ou proibindo a contratação de imigrantes em certas áreas e profissões. Isso gera um empecilho para os camponeses que vêm para a cidade e não conseguem encontrar trabalho, ou que perderam o seu trabalho. Seu número é muito mais significativo que o de trabalhadores desempregados das empresas estatais na cidade.

Se nada for feito para ajudar os camponeses que ficaram nas aldeias, eles não terão outra opção senão permanecer batalhando sua sobrevivência nas parcas terras aráveis. Se a maioria da população rural for forçada a viver dessa maneira, o abismo entre a renda rural e a urbana vai continuar a crescer, e no final os produtos da cidade vão deixar de encontrar mercado entre a população rural, e um excedente de produção e inflação será o resultado. Se os que estão no campo forem excluídos permanentemente do processo de modernização, a nova geração de camponeses se tornará um elemento ativo de agitação social, finalmente causando uma ruptura entre a cidade e o campo que pode levar ao confronto. Qualquer confronto dessa natureza seria certamente catastrófico.

Uma aflição recorrente

Por volta de agosto de 2002, o mecanismo de conversão dos impostos em tarifas e encargos entrou no seu terceiro ano, e os líderes provinciais de Anhui estavam bem firmes na implementação dessa política projetada para aliviar a carga tributária dos camponeses. Mas a cobrança indiscriminada e a extorsão reapareceram como as sementes do provérbio, que voltam à vida no primeiro sopro da primavera depois de um fogo na campina. Ainda assim, no ano de 2002, a ferocidade com a qual a tributação e a extorsão voltaram ribombando pegou as pessoas de surpresa.

Num período de 13 dias, de 20 de agosto a 1° de setembro de 2002, o *Notícias da Noite em Anhui* recebeu 369 cartas de pais acusando as escolas de matrículas extorsivas. As cartas vinham de toda a província — 53 cartas do condado de Linquan, 36 do condado de Funan, 30 de Guzhen, 14 de Taihe, 21 de Si, 46 de Dingyuan, 16 de Wangjiang, 16 do condado de Taihu, 15 de Tianchang, 19 de Guichi, um distrito da cidade de Chizhou...

Ao mesmo tempo, as cartas de reclamações chegavam torrencialmente no Departamento de Controle de Preços provincial e não se resumiam aos problemas em instituições educacionais. A província organizou uma inspeção das tarifas e encargos e descobriu que em algumas regiões existem dezenas de itens listados para taxação. E em outras áreas — demarcação de terras, cumprimento da lei, assuntos públicos, fornecimento de eletricidade, economia, impostos, comércio e indústria, assistência médica e saneamento, segurança pública, casamento, freqüência escolar, venda de produtos agrícolas —, resumindo, quase tudo, do nascimento à morte, estava na lista de taxação. A carga tributária excessiva dos camponeses voltava com toda fúria. Por exemplo, as tarifas e encargos pela construção de uma casa em terreno próprio tinham sido determinados de forma clara e não poderiam superar 5 iuanes, mas na prática as tarifas e encargos pagos pelo próprio certificado, tarifas administrativas, tarifas pelo uso da terra, tarifas para alteração da propriedade, tarifas para a abertura da terra, tarifas para o uso da terra arável, tarifa para a construção e assim por diante, poderia facilmente atingir mil iuanes e, em alguns casos, mais de 5 mil iuanes. Quando os camponeses deixam a terra para arranjar trabalho na cidade, eles têm que pagar diversas taxas diferentes por um certificado de seu status; quando se casam, eles às vezes são forçados a pagar por aconselhamento. Mesmo para projetos públicos, como a instalação de linhas de transmissão agrícolas, os camponeses são forçados a pagar pelo serviço.

O secretário do Partido Wang Taihua despertou e partiu para a ação quando percebeu isso. No condado de Qianshang, o chefe do Departamento de Controle de Preços e o dirigente do Comitê de Educação foram ambos punidos por fazerem juntos novas regras concernindo os encargos pela educação básica. O primeiro foi demitido e o último teve um demérito em sua ficha. Outros oficiais que foram punidos — alguns demitidos, outros rebaixados, outros ainda recebendo "advertências internas" ou deméritos administrativos — incluíam o dirigente da construção no distrito de Dazhuang do condado de Si, o secretário do Partido e o chefe da administração do distrito de Yangxian, no condado de Shou, manda-chuvas do Partido e chefes administrativos nos condados de Mengcheng, Huaiyuan e Funan. O governo provincial e os comitês do Partido mandaram circulares publicando alguns dos mais repulsivos casos de tarifas exorbitantes e também anunciando que em tais casos as autoridades municipais às quais os condados culpados estivessem subordinados seriam também responsabilizadas. Um departamento especial foi instituído no nível provincial, e todos os comitês partidários municipais e dos condados foram instruídos a organizar gabinetes similares, de modo que a rede seria formada com telefones de discagem automática direta para verificar e restringir todos os casos de cobrança excessiva. As autoridades provinciais também convocaram uma reunião especial na qual incitaram todos os departamentos a colaborar e trabalhar em conjunto para implementar essas decisões.

Durante este período, recebemos uma série de cartas dos camponeses que tínhamos entrevistado contando-nos que, mal tiveram a chance de respirar, os oficiais dos níveis do condado, distrito e aldeia já estavam novamente de volta, esticando suas mãos por esta tarifa ou aquele encargo. Algumas das desculpas que usaram para extorquir dinheiro seriam de rir se não nos tivessem feito chorar.

No distrito de Fengmiao, condado de Lingbi, conhecido pelo incidente da aldeia Gao, a tributação abusiva prossegue descontrolada. Os oficiais locais ameaçaram os camponeses, dizendo para não falarem com os inspetores, ou então...

Nós ficamos muito chocados com o que acontecera na aldeia Wang, no condado de Linquan, depois de nossa reportagem sobre o longo e árduo caminho dos aldeões por justiça. Em uma longa carta de queixa, eles começaram dizendo:

> Nós estamos no século XXI, a China adentrou a legalidade, mas, na aldeia Wang, nós moradores não temos direitos democráticos, nem direitos de propriedade, nem direitos humanos fundamentais. Nossos direitos têm sido violados brutalmente. Continue lendo e veja por si mesmo os comportamentos bárbaros do secretário do Partido no distrito de Baimiao, Li Xia, do dirigente do Gabinete Distrital de Assuntos Públicos, Zhou Zhanming, e do secretário do Partido na aldeia, Wang Junbin.

Wang Junbin! Não foi este o homem que assumiu a liderança na ida a Pequim em busca de justiça, que foi expulso do Partido, que teve seu nome na lista de procurados e depois, sob a supervisão do Comitê Central, teve sua filiação ao Partido devolvida, sendo eleito secretário do Partido na aldeia? Como pode ser que os aldeões estivessem agora indo a Pequim de novo para fazer queixas contra *ele*, entre todos os outros?

A carta continuou dizendo que aparentemente os oficiais da aldeia Wang estão mais uma vez atacando as casas, saqueando estoques de grãos e retendo fundos de amparo liberados pelo governo central. Quando os aldeões pediam informações, os oficiais apelavam para seu velho truque de prender as pessoas com acusações forjadas. A carta dizia que as verbas de auxílio eram uma demonstração da preocupação do governo com os camponeses, e qualquer lucro através desse fundo impedia que os camponeses recebessem o calor da preocupação do Partido e do governo em relação a eles.

A deslealdade de Wang Junbin nos colocou em uma grande série de considerações dolorosas. Será possível que nosso sistema seja em si mesmo uma piscina tóxica, e qualquer um que mergulhe nela seja contaminado?

A carta nos lembrou de nossa visita ao famoso vilarejo de Xiaogang, em 2001. Na ocasião, a mudança da tributação para tarifas e encargos estava ainda por começar, então fomos para Xiaogang para verificar a situação. Yan Hongchang, o chefe do comitê dos aldeões, popularmente conhecido como chefe da aldeia, nos recebeu.

Yan nos contou que o povoado de Xiaogang fez sua fama durante o movimento de reforma, vinte anos antes, quando o slogan para o sistema de contratos recém-implementado era: "Pague integralmente ao Estado, reserve o que for necessário para o coletivo e o resto é seu." Ele balançava a cabeça enquanto descrevia como o último surto de tributação abusiva estava tirando vantagem do slogan — qualquer taxa abusiva seria passada em nome do Estado ou da coletividade. Não existe maneira de estabelecer um padrão para o que é considerado "integral" e o que é considerado "necessário". Tome, por exemplo, a criação de porcos. Ele disse:

— Os impostos e tarifas e encargos são intermináveis, e os aldeões acabam não criando porcos. Ou seja, se você compra um trator, nunca é suficiente só para pagar a taxa administrativa. A questão é, você usará a estrada? Claro que sim. Neste caso, há uma tarifa de manutenção da estrada, e pagamentos para a fiscalização da velocidade, e assim por diante. E então, mesmo que você não cultive produtos especiais, terá que pagar o imposto por produtos especiais.

Yan admitiu que, quando a tributação foi trocada por tarifas e encargos, alguns dos piores abusos foram eliminados.

— Entretanto — alertou —, um novo problema surgiu: a receita da aldeia caiu dramaticamente.

A administração mal tinha dinheiro para tocar os projetos da aldeia diariamente. O distrito, da mesma forma empobrecido, entregava 3.080 iuanes por ano para o orçamento da aldeia. O chefe Yan Hongchang contou nos dedos as diversas demandas feitas sobre as finanças da aldeia. Primeiro, havia os sete oficiais locais: o secretário do Partido, o presidente do comitê da aldeia e o contador, cada um tirava um salário anual de 1.800 iuanes, e aos quatro restantes eram pagos mil iuanes por ano. Só a quantia somada dos modestos salários dos oficiais de aldeia chegava a 9.400 iuanes por ano. Não havia empresas geradoras de renda no povoado, então não havia garantia de pagamento dos salários. Além disso, não havia dinheiro para o subsídio de familiares dos mártires revolucionários e homens na ativa, e menos ainda para assistência a famílias vivendo em condição de pobreza. Por último, mas não menos importante, havia três casos de idosos sem família que dependiam da aldeia para sobreviver. Cada um tinha direito a 1.800 iuanes por ano, o que acrescenta mais de 5.400, e não havia absolutamente lugar algum de onde tirar dinheiro para eles. Yan concluiu citando uma frase que estava na boca do povo:

— As finanças do Estado crescem a cada dia, as finanças do condado estão instáveis, as do distrito estão afundando e, quanto às da aldeia, não há nada para contar.

Yan continuou:

— Os governos central e provincial destinaram fundos para pagar as despesas da experiência de transferir a tributação para as tarifas e encargos. Nosso condado recebeu 2 milhões, e cada aldeia, grande ou pequena, 500 iuanes. Este foi um grande benefício — Yan admitiu —, mas nós estávamos tão sem recursos que, no final, não foi o suficiente para resolver todos os problemas.

Yan terminou dizendo que, quaisquer que sejam as dificuldades, na qualidade de oficial local, ele jamais, em hipótese alguma, explorará os aldeões. Quanto às despesas decorrentes das atividades oficiais, os funcionários públicos tinham direito a gastar 15 iuanes para cada ocorrência, o que está longe de ser suficiente.

— Durante o ano em que a tributação foi convertida em tarifas e encargos — ele disse — muitos oficiais deixaram de exercer suas responsabilidades. Na aldeia Liyuan, um secretário do Partido e um dirigente suplente abandonaram seus postos; o dirigente e um oficial de Yangang também foram embora para procurar trabalho na cidade. Nos últimos dois anos, eu mesmo paguei do meu bolso 16 iuanes para ir a um evento celebrar a instalação de um comitê vizinho no condado de Qihe. Simplesmente não tem jeito. Tudo o que eu posso fazer é tirar do meu próprio bolso. Até agora eu já gastei mais de 200 iuanes em material de escritório.

Ficamos surpresos e dissemos:

— Mesmo com seu salário anual de 1.800 iuanes, isto dá 150 iuanes por mês; não é suficiente para manter uma família, isso sem contar este material de escritório que você tem que comprar. Como você sobrevive?

Yan riu.

— Contando com minha esposa e meus filhos — revelou orgulhosamente. — Meu filho e minha filha estão ambos muito bem em Shenzhen, a zona econômica especial. Meu filho inclusive se tornou gerente em uma empresa privada. Meu quinto filho é jornalista na emissora de TV provincial. Quanto à minha mulher, ela cria galinhas e porcos e tem um bom retorno. Eles todos me sustentam em meu trabalho como chefe de aldeia.

Depois de nos despedirmos, não conseguimos evitar a reflexão de que é bem possível para Yan Hongchang tocar a administração da aldeia tirando recursos do próprio bolso, mas não se pode esperar que todos os oficiais de aldeias façam o mesmo, nem os aldeões devem ser oprimidos. Pressionados por campanhas, os oficiais talvez se contenham um pouco. Mas sem mudanças fundamentais no sistema agrícola, sem consertar todos os buracos e obstáculos em nossas políticas agrícolas, a tributação excessiva está fadada a retornar. Se lidar com o problema único da tributação extorsiva dos camponeses é tão difícil, como vamos resolver os problemas referentes ao seu padrão de vida e às oportunidades que recebem, modernizar a agricultura e reverter a disparidade crescente entre a cidade e o campo? À luz das provas da tributação abusiva recorrente, fica claro que nem a transformação dos impostos em tarifas e encargos, nem a tecnologia ou a reestruturação da agricultura, nem quaisquer outras medidas semelhantes, ainda que úteis e necessárias, resolverão o problema dos camponeses de uma maneira fundamental.

À procura de uma saída

Onde, afinal, estará a solução para a agricultura da China?

Qual será o obstáculo definitivo para o desenvolvimento rural?

Como vamos restabelecer o entusiasmo e a mentalidade dos anos 1980? Como poderemos convocar o vasto potencial dos camponeses a fim de criar a civilização chinesa do novo século XXI?

Conversamos com muitos especialistas e pesquisamos muitos estudos e relatórios. Porventura todos têm algo com que contribuir, e tudo o que precisamos fazer é agir de acordo com o que eles dizem.

Du Rensheng, um economista que ocupou importantes cargos no governo e no Partido, disse que, observando de maneira abrangente, é importante criar um sistema e um ambiente benéficos para motivar os agricultores. Ele enfatizou a importância do sistema de propriedade da terra. Em meados dos anos 1990, o governo central consolidou o sistema de contratos de arrendamento, estendendo a posse para trinta anos, o que deu aos camponeses direitos de uso da terra por longo prazo. Mas isso deveria ser protegido por lei. O direito de uso da terra foi tomado da propriedade coletiva e agora é uma instituição econômica que deve ser legitimada por lei como propriedade privada e protegida como tal. Du argumenta que, no passado, nós estávamos sempre repetindo que a propriedade pública socialista é sagrada e não deve ser violada, mas agora ele disse:

— Nós devemos salientar que o uso da terra como um tipo de propriedade privada também é sagrado e não deve ser violado.

O direito de uso da terra deve incluir todas as prerrogativas econômicas: o direito de arrendar, administrar, uso como caucionário, uso para investimentos, bem como as transferências de direitos, e assim por diante. Segundo ele, todos esses direitos devem ser declarados com formalidades legais e claramente definidos.

Outro especialista, Wen Tiejun, que foi transferido do Ministério da Agricultura para a Associação de Pesquisa para a Reforma Econômica da China, onde ocupa o cargo de secretário-geral, insistiu que a China tem que mudar sua forma desfocada de lidar com os problemas favorecendo uma abordagem abrangente para a reforma da agricultura. Wen revelou ter levantado a questão da tributação excessiva dos camponeses já em 1993:

> Desde a época do primeiro imperador na dinastia Qin, 2 mil anos atrás, a lei imperial não chega até o campo. O menor denominador da economia, baseado na pequena propriedade rural, se autogoverna. Conosco, no entanto, ocorre o oposto; o governo insiste em onerar os mais de 200 milhões de domicílios rurais, cada um com sua frágil economia própria. Por isso, o distrito teve que implantar diversos departamentos, até o nível das aldeias. Esse tipo de gerenciamento financeiro custa caro e leva a uma proliferação da burocracia.

Wen acrescentou que a base lógica para a tributação dos camponeses é um bocado discutível, porque o campesinato chinês tem em média pouco mais de 1,5 acre de terra por cabeça, e há 660 condados onde este número é menor que um acre; muito pouco para produzir um sustento, segundo a ONU. Nestas áreas de subsubsistência, a terra não é um meio de produção, portanto não deveria implicar impostos. Considerando a produtividade, nos últimos três anos o total do que os camponeses produziram foi menos do que investiram. Sem rendimento, vamos tributá-los com base no quê? De acordo com estatísticas do governo, os agricultores chineses têm uma renda média mensal de 300 iuanes, enquanto moradores da cidade só começam a pagar impostos quando sua renda mensal chega a 800. Evidentemente não há justificativa para onerar os camponeses tendo o critério nacional por base, já que estão bem abaixo dos 800 iuanes de renda mínima. Além disso, o atual sistema de tributação agrícola está vigorando por várias décadas, não tendo sido adaptado às novas condições.

Wen Tiejun concluiu dizendo que não há uma panacéia para o problema dos camponeses, mas está claro que devem ser feitas pressões por um projeto de reforma abrangente que crie condições para que a economia do campo se desenvolva. Tudo se resume ao princípio básico de que devemos ter fé e confiança no campesinato e lembrar seus interesses. Devemos ter uma estimativa realista da riqueza dos camponeses e da extensão de sua carga tributária; temos que dar-lhes chance de respirar. De outra forma, o peso econômico, bem como o psicológico, será maior do que podem agüentar, e isso poderia levá-los para além do seu limite.

Zhu Shouyin é um especialista em questões agrícolas que concluiu um estudo chamado "Inovações na Organização das Bases Agrícolas e Problemas na Reforma do Sistema de Tributação". Ele fez pesquisas especiais de duas importantes medidas reformatórias aplicadas pelo governo comunista: a primeira foi a decisão de dispersar as comunas e implantar distritos, em 1985. O Estado instaurou uma enorme burocracia de distritos como o mais baixo nível governamental. Relacionados a isso estavam a política de "dividir poder e permitir lucros" e o sistema financeiro de "cozinhar em separado, comer em separado" — essencialmente, um sistema de "contratos" entre os diferentes níveis de governo. Essas reformas, de acordo com Zhu, criaram entidades independentes com poder monopolista, fortemente inclinadas à obtenção de vantagens.

Segunda medida, a reforma na taxação aplicada inicialmente em 1994, quando os governos central e local separaram as fontes de receita, criando apenas confusão entre os diferentes níveis de governo, já que cada nível tendia a explorar os níveis inferiores até o final da cadeia, onde todas as mãos acabam exigindo recursos dos camponeses. É claro, disse Zhu, que esses efeitos negativos não foram antevistos pelos elaboradores das reformas, mas é óbvio que sem uma mudança do cenário maior, dentro do qual o sistema está inserido, qualquer inovação no sistema pode ter um efeito indesejado.

O presidente da Associação Chinesa de Sociologia, Lu Xueyi,* também falou sobre os vários problemas que emergiram depois da reforma. Ele foi direto ao assunto e apontou que a resposta residia na relação entre cidade e campo — esta estrutura bipolar seria o fator primário atravancando o desenvolvimento econômico da China, precisando ser mudada. É claro, Lu argumenta, que mudar esta estrutura bipolar implica mais do que meramente eliminar o sistema de registro de residência urbana. Este sistema está ligado à estrutura da separação de interesses entre a cidade e o interior. Mudar o sistema, explicou Lu, significaria mudar de maneira fundamental o equilíbrio de interesses entre os dois lados.

Li Changping, atualmente editor executivo da revista *Reforma da China*, chamou atenção nacional em 2000 por escrever diretamente ao premiê Zhu Rongji sobre a situação dos camponeses quando ele era secretário do Partido no condado. Ele compartilhou suas

*Lu Xueyi também chefia uma associação não-governamental acadêmica.

idéias conosco no que se refere à reforma agrícola. A medida mais urgente, ele sugeriu, mais importante que a reforma tributária ou questões de propriedade, é a reforma revolucionária da burocracia dos condados. Por "reforma revolucionária" ele quer dizer mudança da maneira como os oficiais locais são formados e orientados. O papel mais urgente do Partido é assegurar o bem comum reestruturando o sistema oficial. A quantidade de burocracias deve ser reduzida pela metade, bem como o número de funcionários que têm seu salário pago da arrecadação de impostos. Pessoas com algum título oficial devem simplesmente descer de seu pedestal e tornar-se cidadãos comuns. Não é possível que haja nenhuma reforma verdadeira para a agricultura sem mudanças drásticas na burocracia no nível dos condados, disse Li Changping. A natureza revolucionária dessa reforma está no fato de que haverá um severo esforço entre aqueles que estão tentando efetivar a mudança, que significa tomar o poder e os direitos de quem tem o interesse absoluto de manter seu status quo. Sem essa reforma, disse Li, as diretrizes do Partido não podem ser implementadas. Ele acrescentou que se o inchamento da burocracia não for impedido por métodos democráticos, vamos regredir a uma era na qual a transferência de poder só pode acontecer através da violência revolucionária. Uma das famosas frases de Li Changping é:

— Permita aos camponeses gozarem do status de cidadãos; dê a eles seus direitos fundamentais.

Yu Jianrong, do Centro de Pesquisa Agrícola da Faculdade Central de Professores da China, não concorda com Li Changping. Ele argumenta que a maioria das pessoas que gozavam dos direitos dentro da economia socialista perderam-nos como resultado do adiantado progresso da reforma. As únicas pessoas que aumentaram seus privilégios e ampliaram sua riqueza foram os membros de uma panelinha de elite. Sua alegação é de que na China de hoje não há real compreensão do conceito de cidadania, com interesses e objetivos em comum. Existe apenas uma turma fechada de privilegiados e um imenso número de humildes trabalhadores. Não há direitos de cidadania, apenas o capital, o poder e os privilégios de uma minoria dominante. A conclusão de Yu: conferir direitos de cidadãos aos camponeses não quer dizer nada.

A solução de Yu é incitar os camponeses para que formem sua própria organização e substituam as atuais burocracias locais por uma autogestão. Yu propõe que apenas uma rede articulada de organizações camponesas pode de fato representar seus interesses e necessidades e promover a comunicação entre eles, além de ser uma forma de prevenir ou amenizar confrontos e conflitos. Yu acrescentou que as organizações dos camponeses devem ser formadas a partir da base e que os membros devem ser livres para aderir ou se desligar.

A última pessoa que encontramos foi o famoso economista acadêmico Wu Jinglian. Ele disse:

— A reforma jamais pode ser uma navegação tranqüila. Quando a reforma foi inicialmente instituída, ninguém pensaria que uma contracorrente oposta a ela surgiria em 1982, quando o 12° Congresso do Partido confirmou que a economia socialista planejada continuaria dominante. Isso foi revertido em 1984 quando a Terceira Sessão Plenária do 12° Congresso do Partido passou a "Decisão Referente à Reforma do Sistema Econômico". Nós ficamos contentes, porém alguns meses depois veio a inflação e a reforma teve que ser desacelerada. Então, em 1986, o Conselho Estatal aprovou um abrangente programa de reforma; ele estava prestes a ser implementado, e todo mundo pensou que a China estava rumando a passos largos para a reforma... Mas, alguns meses depois, o plano foi deixado de lado. Resumindo, nós sempre temos a esperança de que aconteça algo para abalar tudo de vez, mas agora eu sinto que, se conseguirmos progredir passo a passo, devemos nos considerar afortunados. Não temos condições de ser exageradamente otimistas. No decorrer dos últimos anos, muitos grandiosos projetos de reforma foram abatidos um após o outro. A experiência nos ensina que a reforma da China está atravessando uma grande turbulência.

Recentemente, este renomado estudioso e promotor da reforma, que é conhecido popularmente como "Wu Mercado", citou o capítulo de abertura de *Um conto de duas cidades*, de Charles Dickens, para transmitir sua própria leitura do enigma da reforma da China: "Foram os melhores tempos, foram os piores tempos; foi uma era de sabedoria, foi uma era de insensatez; foi a época da crença, foi a época da incredulidade; foi a estação da Luz; foi a estação da Escuridão; foi a primavera da esperança, foi o inverno do desespero; tínhamos tudo diante de nós, não tínhamos nada perante nós; íamos todos direto para o Céu, íamos todos direto para o outro lado."

Wu Jinglian terminou dizendo:

— Em uma complexa era de transição, precisamos perceber que existem fatores positivos e negativos lado a lado. Dois tipos de futuro são possíveis. Claro que esperamos pelo melhor, mas o futuro da China só pode depender de nossas convicções e esforços de hoje.

ÍNDICE

Este livro foi composto na tipologia
Classical Garamond, em corpo 11/16, e impresso
em papel off-white 80g/m² no Sistema Cameron
da Divisão Gráfica da Distribuidora Record.